私享录

四十年来书业

刘杧 著

时代出版传媒股份有限公司
安 徽 教 育 出 版 社

图书在版编目（CIP）数据

私享录:四十年来书业 / 刘柠著. —合肥:
安徽教育出版社,2023.6
ISBN 978-7-5336-9876-8

Ⅰ.①私… Ⅱ.①刘… Ⅲ.①出版工作—研究—中国
Ⅳ.①G239.2

中国国家版本馆 CIP 数据核字(2023) 第 028726 号

私享录:四十年来书业
SIXIANG LU: SISHI NIAN LAI SHUYE

出 版 人:费世平
策划编辑:何 客
责任编辑:金 雯
装帧设计:彭振威设计事务所
美术编辑:吴亢宗
责任印制:陈善军

出版发行:安徽教育出版社
地 址:合肥市经开区繁华大道西路 398 号 邮编:230601
网 址:http://www.ahep.com.cn
营销电话:(0551)63683015,63683016
排 版:安徽时代华印出版服务有限责任公司
印 刷:安徽新华印刷股份有限公司

开 本:787 mm×1092 mm 1/32
印 张:5.75
字 数:80 千字
版 次:2023 年 6 月第 1 版
印 次:2023 年 6 月第 1 次印刷
定 价:48.00 元

目 录

小引

书业与出版业，常被相提并论，时而混为一谈，其实是俩概念，前者的内涵远大于后者。笼统地说，书业包含了出版和书店两个面向，但核心从来是出版，没有纸质出版，书业便成了无米之炊。过去二十年，书业不但没有像当初被黑的那样“大崩溃”，反而迎来了大发展，畛域大大扩张：在书籍可以像古玩一样通过互联网海淘的今天，本土书业甚至包含了国外出版的要素，遑论海外连锁书店竞相落地中国一线城市。

这样的认知，为我们谈论书业史提供了某种便利：只消分别聚焦出版和书店业，便可望从中折射出一部书业史——当然，我承认，这是一种比较偷懒的做法。某种意义上，这本小书，也是一份“偷懒”的作业。可偷懒归偷懒，客观上，时间轴移到了二十一世纪二十年代，无论是当代出版史，还是书店史，都到了该梳理的时候。

为什么是四十年？关于这个问题，也可以从两个方面来考虑：一是经过“文革”的禁锢，当代书业被“打开”，从而步入商业化的轨道，一路发展至今，刚好与改革开放的历史进程同步；二是“改开”四十年，被过渡的两代人，理论上都是书业的主流受众。1979 年春，《读书》杂志创刊号上的檄文《读书无禁区》（李洪林），令国中知识人一篇读罢头飞雪：“连反面的东西都不要封锁，对于好书，那就更不应该去封锁了。”谁承想，如此浅白的话语，竟然成了振聋发聩的时代最强音。从新华书店门口等待买书的长蛇阵，到取消“内部售书”窗口、书店开架、加入国际版权公约，从独立书店式微，到网店和书咖兴起、小资打卡网红书店、书价与国际接轨……弹指四十载，书业的生态已豹变。

这本小书，与其说是对四十年书业史的致敬，毋宁说是一介出版“槛外人”，对这种生态进化史的深情回望。笔者尝试用一支袖珍多棱镜，来呈现书业的各个侧面：从小开本出版、新锐 MOOK、艺术杂志及书评纸，到那些遍布南北都市的人文书店。最是那些曾让我痴迷不已的独立书店，如今已悉数消失于历史的烟尘中，令人唏嘘。唯期能从棱镜的不同侧面，折射出书业昨日的光影，缀成一辑个人化的书业私史：

——献给青春，献给挥霍青春的“美本”，还有那些浸泡过青春的书天堂。

开本即王道

——小开文化在中国

一

在长达五千年（一说为六千年）的书籍发展史上，有几个关键的节点，如纸的发明、活版印刷的出现、古腾堡印刷术问世等。但人们一般只着眼于物理硬件，目光轻易越过那些软件。

其实软件往往更重要，如印刷物的尺幅问题。

读书人和制书业者对印刷物的尺幅，即书籍开本问题的思考，由来已久。中国古书从卷轴制向册页制的发展，东洋和本从美浓版系向半纸版系的过渡，均是这种文化探求的中间形态。在欧洲，近代以降，印刷所和制书匠深受“魔法数字”的诱惑。所谓魔法数字，是一些数学常数，用来规范印刷品的尺寸。其中最尊贵者，就是 1∶1.618 的所谓“黄金比例”。如著名的《古滕堡圣经》的开本，其长度即为宽度的 1.618 倍。德国信天翁出版社

（Albatross Verlag）的平装书和英国企鹅版经典橘色条带平装书，也按照这个比例裁切书页。

现代的造纸厂和印刷所，多采用另一个同样实用的魔法数字，即毕达哥拉斯常数：2 的平方根（$\sqrt{2}$），约等于1.414。由头是1786 年，德国物理学家格奥尔格·利希滕贝格（Georg Lichtenberg）给朋友的一封信。他在信中告诉友人，一张纸的长边若是短边的 1.414 倍，只要以平行于短边的方式将其裁切，或对折成半，形成的纸张将与原纸维持相同的比例。只需重复这个步骤，便能做出越来越小的纸张，且毫无浪费。这个发现，改写了现代出版业。长宽比例为 1.414∶1 的矩形，成为出版物开本的模板，日本出版业界称之为“黄金矩形”或“$\sqrt{2}$ 矩形”。今天我们无比熟悉的 A3、A4 等 A 系列纸张，及主流的出版物开本，均源于此。

书的文化史告诉我们，现代书籍的概念，很大程度上是文艺复兴时期“唯利是图”的威尼斯商人发挥聪明才智的结果。他们既有逐利的本能，也有一定的艺术文化诉求，会在平衡书籍的实用和美学功能的前提下计算投入与产出，逐步形成对印张尺寸的规范，从而奠定了现代制本装订业的基础。古腾堡的铅合金活字在德国美因茨问世四十年之后，一位名叫阿尔杜斯·马努提乌斯（Aldus Manutius）的威尼斯出版商，印制了古罗马诗人维吉尔的作品集。那本书很小，长约 6 英寸（15.2 公分），宽为 4.5 英寸（11.4 公分）。在序言中，阿尔杜斯称诗集为“手册”（enchiridion/handbook），在为新书所做的硬广中，他称这类书籍为“可携带书籍”（libri portatiles/portable books）。这是史上最早的八开本图书，用 18 英寸（45.7 公分）×12 英寸（30.4 公分）规格的纸张印制。阿尔杜斯版八开本维吉尔诗集开启了便携书籍的时代，其基本规格沿用至今。

无论是从制本装订的经济性出发，还是着眼于作为知识载体的图书的美学标准，对出版商来说，只意味着一件事：开本即王道。

这种被泛着油墨味的纸张熏陶出来的印刷传统气场之大，对在相当程度上，象征着“未来”的去纸化阅读，仍不失规训的力量：据说，两种世界通用的主要电子阅读器——Kindle 和 iPad mini 的尺寸设计，都参考了阿尔杜斯版古书。

二

多年前，我在一篇关于东瀛书业和出版文化的文字中曾写道："本人作为一介读书人和藏书者，近二十年来，眼瞅着中国本土图书的开本越做越大，异形本增多，乃至在居大不易的京城不得不为藏书空间而犯愁。后来，待我进入某家出版社短暂工作后才明白，从编辑到读者，似乎有种默契的'共识'：凡畅销书，必大开本。如此出版文化真害人不浅，杀空间，资源浪费，低环保，对书价造成直接影响，酿成恶性循环。"① 可从近几年来看，情况似乎正在起变化，虽然大开本仍未见少，小开本却显著增加，且日益定型化。或许，我们可以做一个大胆的推断：中国出版业即将迎来一个小开本时代。

对本土出版业来说，小开本并非全新事物。

① 见《漫话东瀛书业和书店文化》一文，收入《东京文艺散策》（刘柠著，山东画报出版社 2016 年 3 月版），203—204 页。

民国时代，受大正到昭和初期日本出版文化的影响，曾掀起过一次小开本热。著名者，如王云五在商务印书馆主持的“万有文库”，森罗万有，开启民智，旨在“以极低的代价”得到“人人当读之书”。从1929年起，积八年之功，推出两辑共一千七百余种袖珍书，计四千册，成为中外出版史上的壮举。毋庸讳言，王云五的尝试，既是文化事业，也带有那个时代资本游戏的一面。与之相比，小本经营者，如上海良友图书公司自1937年起出版过一套袖珍本文丛“现代散文新集”，由靳以主编，包括巴金、芦焚、严文井、臧克家等人的作品，共十二种。

1949年之后，到改革开放之前，出版种类不多，形式比较单一，且开本（包括平精的装帧规格）也受到行政权力的制约，变化极少，作为出版文化而论，话语空间其实有限。但在清一色的普罗范儿出版物中，仍有一些气质比较文艺的小开本显得卓尔不群。不过严格说来，绝大多数小开本，其实是小三十二开，还不是后来的口袋本。典型者，如“文革”期海量印刷的鲁迅著作单行本（小白本）。

检点书房，硬是翻出几种那个时代出的小书，也许有一定的代表性：《西洋哲学史简编》，［苏］薛格洛夫主编，王子野译，新中国书局发行，1948年8月大连初版，1949年4月长春再版；屠格涅夫著、巴金译《蒲宁与巴布林》，是“新译文丛刊”之一种，上海平明出版社1949年12月初版，印了三千册，1953年3月再版增印至六千册，笔者所藏是二刷；同样为平明出版社1954年版的乔治·桑《魔沼》（罗玉君译），卷首有作者画像，内文中有埃德蒙·吕多（E. Rudaux）所作的铜版画插绘，颇珍贵；中华书局1962年12月版《曹雪芹的故事》（吴恩裕著），是被家慈读破的一本小书，书里还夹着她用绘图笔精心绘制的“荣国府院宇示意图”；《想起了国歌》是姚文元的杂感集，上海文艺出版社1963年7月版；《海猎》是朱良仪描写海军生活的小说集，“萌芽丛书”之一种，系人民文学出版社上海分社1965年9月版，且是插图版。

透过这六种，或许能一窥那个坚硬时代小开文化之一斑。不用说，肯定是“非主流”。

三

改革开放时代，特别是前期，即“思想解放运动”时期，听到最多的一个词就是“百花齐放”，直听到双耳生茧。究竟算不算真正的“百花齐放”，见仁见智，历史自有公论，但倘若单就图书的开本来说，那绝对称得上是“百花齐放”了，甚至“百花”都不一定打得住。

回过头来看，改开初中期，特别是从九十年代中后期到二十一世纪之初，随着国产印刷技术和纸张品质的提升，本土出版物开本进入战国时代，感觉每家社的每一套丛书，都会创造一种新开本，自由到任性。一些名声赫赫的装帧大家，对异型本的痴迷简直到了“变态”的程度。那个时期的书，插在书架上，真真是“远近高低各不同”，最难收纳。不过，在那种“野蛮生长”式的丛林乱象中，还是能隐约发现“一溪清流淙淙过”般的景致，那就是小开本。虽然一点都不“高大上”，摆在书店的新书台上，完全不打眼，可它却始终不断，且途中不时有支流汇入，由淙淙而汩汩。

尽管小开本在改开之前就已经存在，但作为一种出版文化，应该说其本身就是改革开放的产物。我最早对小开文化的关注，始于诗集。改开头两年，社会虽已转舵，但文化还没跟上，内容生产明显滞后。最初的产品多停留在对上一个时代的清算，或是以再版的形式重印有革命背景的普罗诗人的作品，开本也以小三十二开为主，但装帧设计已开始呈现不同的面孔。如《天安门诗抄》(人民文学出版社，1978 年 12 月版)，田间的《给战斗者》(人民文学出版社，1954 年 6 月初版，1978 年 9 月第 2 版)，冯雪峰的《雪峰的诗》(人民文学出版社，1979 年 10 月版)，艾青的《彩色的诗》(江苏人民出版社，1980 年 11 月版) 等。

进入八十年代，内容生产开始提速，范围逐步扩大。就诗歌来说，出版对象从革命诗人过渡到小资诗人，外国诗人也进入视野，但当代本土诗人还很少，朦胧诗等现代主义诗歌则要再等上几年。诗集的开本则从大小三十二开到口袋本，该有的都有了，生态变得丰富起来。这一时期，由四川人民出版社先后推出的《徐志摩诗集》《戴望舒诗集》（均为1981年1月初版）和《闻一多诗集》（1984年7月版），江苏人民出版社初版的《九叶集》（1981年7月初版）和人民文学出版社版《白色花：二十人集》（1981年8月初版），及何其芳的《预言》（1982年12月版），给人的印象尤为深刻。特别是《九叶集》的扉二页上，由八位诗人联署、纪念九叶中最早凋谢的一叶穆旦的一段话，暴露了伤痕期犹未弥合的创伤：

> 在编纂本集时，我们深深怀念当年的战友、诗人和诗歌翻译家穆旦（查良铮）同志，在“四人帮”横行时期，他身心遭受严重摧残，不幸于1977年2月逝世，过早地离开了我们。谨以此书表示对他的衷心悼念。

与此同时，一大波外国诗人——从莎士比亚到泰戈尔，从惠特曼到聂鲁达，从歌德、席勒、海涅，到拜伦、雪莱、济慈，从普希金、莱蒙托夫，到叶赛宁、马雅可夫斯基……跨越时空，成群结队而来。这个时期的口袋本诗集，有《中国现代抒情短诗100首》（上海文艺出版社，1981年9月版），《法国近代名家诗选》（外国文学出版社，1981年12月版），《叶赛宁诗选》（漓江出版社，1983年6月版）等。最是由巫宁坤作序的查（良铮）译《普希金抒情诗选集》（上・下，江苏人民出版社1982年4月版），深绿色封皮，普希金标志性的翘鼻子速写侧像，白色的俄语手写体签名，美到不行。

说到改开初期的小开本诗集，不能不提《新诗潮诗集》，上下两册的素白口袋本，外加一册小黄皮书——诗话《青年诗人谈诗》。诗集和诗话的扉页上，都印着“北京大学五四文学社”的字样，诗集的后勒口上还打出了“未名湖丛书”编委会的班底。实际的主编是老木（刘卫国），2020年于江西萍乡家中猝然去世，享年五十七岁。谁承想，这部从内容到开本、装帧设计，可圈可点之处甚多，且对后来的出版物发生过不小辐射的朦胧诗集，竟然是“内部交流”版。不过，说是“内部”，当时却是公开发售的，且销量相当可观。1986年4月，我从北大三角地的板车书摊上买过两套，其中一套送了朋友。在我看来，这部诗集起到了为朦胧诗正名的作用，谢冕先生在为诗集所写的序文《新诗潮的检阅》结尾处的话，带有结论的性质："新诗现阶段的探索不仅是开拓性的，而且用它的日趋成熟而证明是充满希望的。"

果然，从那以后，朦胧诗人迅速浮出水面，结束了"民刊"和"地下本"状态，坦坦荡荡走向了"正刊"和"地上本"，一时间，坊间冒出了无数种朦胧诗集。而《新诗潮诗集》，则成为当然的摹本。后来入手的诗集，自然也不乏大小三十二开本，但只要是口袋本，基本都是"新诗潮"版的拷贝，如裘小龙译《意象派诗选》（漓江出版社，

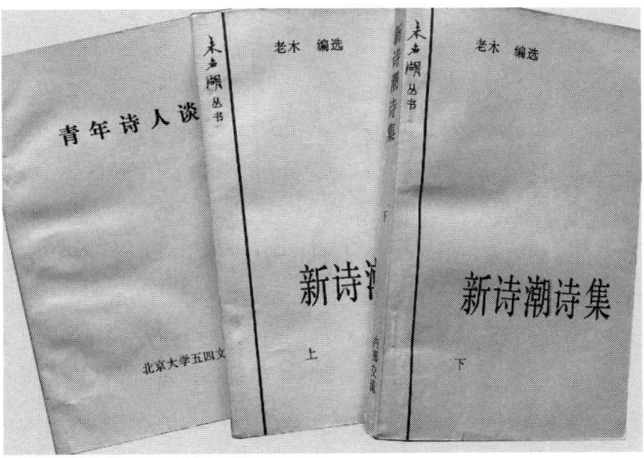

北京大学五四文学社编《新诗潮诗集》（上·下）和《青年诗人谈诗》

1986年8月版），非马编《台湾现代诗四十家》（人民文学出版社，1989年5月版），海子的《土地》和骆一禾的《世界的血》（二者均为春风文艺出版社，1990年11月版），及柏桦诗集《往事》（河北教育出版社，2002年8月版）等，不一而足。

八九十年代是丛书的时代，与那个时代丛书的规模相比，今天所有的丛书都是小打小闹。从几度“文化热”，到“思想解放运动”，如果真究其“幕后黑手”的话，可以看到，基本是几套丛书（或译丛）惹的祸。而丛书大流行的一个副产品，是小开文化的做大。

1983年，四川人民出版社推出了“走向未来”丛书，单看编委会的阵容，就知道动静有多大。在每种书序言前面的《编者献词》中，引用弗兰西斯·培根在《伟大的复兴》序言中的话，希望读者诸君“不要把它看作一种意见，而要看作是一项事业，并相信我们在这里所做的不是为某一宗派或理论奠定基础，而是为人类的福祉和尊严……”那种炙热的理想主义只属于八十年代，在那之前没有过，之后亦不复见。那套书确实对我个人产生过影响，金观涛的《在历史的表象背后》，有些段落至今能背诵。总共出过多少种，我不大清楚，现藏九种，买过的应该更多。素白小本，黑体字书名，格调与“新诗潮”近似，但更富于设计感。每本书的封面上，都有一帧长条画，也是黑白的，抽象风格，应该是戴士和的作品。因了这套书的设计，我也开始关注艺术家戴士和。

当时，国中小开文化，方兴未艾，有实力且自恃“有文化”的出版社纷纷试水。但大多浅尝辄止，不成规模，无疾而终。碍于篇幅，单本书暂不列入本文论述对象，我只对具有丛书性质的小开系列出版物略作评点，以期梳理出一条文化发展的脉络。

1984 年，人民出版社出过一套“美国史话”丛书，计六种，包括《美国建国史话》《美国扩张与发展史话》《美国社会史话》《美国科学技术史话》《美国文化教育史话》和《美国文学艺术史话》，系对美国读者文摘出版社英文原版的中译，装帧素朴淡雅，每本以不同颜色的封面区分，并无一般出版物的呆板气。翻译精良，且书后均附有中英文的“人名译名对照表”，通俗而不失学术品质。

差不多同一时期，江西人民出版社出了一套“百花洲文库”。好像出了两辑，每一辑有十种书目，题材庞杂，既有楼适夷、俞平伯、郁达夫等民国时期作家散文，也有外国文学和诗歌。我曾买过一本冯亦代译的《第五纵队及其他》，由海明威描写西班牙内战的剧本《第五纵队》和五个短篇组成。扉页上用钢笔写着“1984 年 4 月 27 日，于甘家口新华书店”。目录页下方的空白处，还题了一首我读后写的短诗，幼稚得可笑，重读一遍，尴尬癌都要犯了。

八十年代末到九十年代初，有几套小开本值得一提。一是作家出版社的“四季文丛”，一套作家随笔集。作为丛书，比较松散，扉页、勒口或封底并没有注明相关信息，用今天的标准来看，其实是难达标的。据我所知，应该出了四种，分别为汪曾祺的《蒲桥集》、贾平凹的《抱散集》、姜德明的《王府井小集》和张承志的《绿风土》，我收了前三种。素无记书帐习惯的我，只有那个时期，买书时会在扉页上签名，所以知道三本分别购于和平里书亭和海淀图书城。这套书除了选文比较精当（体现了作家社的专业标准）之外，最大特点是质朴大方，没什么花里胡哨的元素：封面近乎素白，书脊设计很鲜明，即使竖插在书架中，也不至于看漏。用纸虽不高级，但在那个时代也并不寒碜。

1992年初，广西教育出版社推出一套“名人之侣回忆丛书”，全四种，分别为《我与萧乾》（文洁若）、《我与郁达夫》（王映霞）、《我与萧军》（王德芬）和《我与蒋光慈》（吴似鸿），我同样收了前三本。我买这套，纯属资料需求，其实并不喜欢。首先，“名人之侣”的丛书名就显得很轻佻，且不说文洁若、王映霞等，本身也是名人。特别是文（洁若），其作为翻译家的声名，并不逊于夫君。其次，装帧设计过于花哨，格调不高，甚至把文本的价值给坠低了，而有品的装帧原本是可以提升文本价值的，正如所谓椟与珠的关系一样。

1994年，海南出版社高调推出一套“人人袖珍文库”。大胆采用四十八开本规格（16.6×9.1公分），比日本文库本还要窄不少，是口袋本中的口袋本。在文库的“缘起”中，策划者开宗明义：“文库的选目贯彻‘双百’方针，不限类，不限时，不限地，不限人，只限一条：一定要有全人类文化积累价值，不会被历史的潮流所抛弃，父亲读过儿子还会要读的书……总之，为了人人，是‘人人袖珍文库’的唯一宗旨。”看得出来，这套由资深出版家钟叔河先生参与主持的大型文库策划，启蒙色彩相当浓厚，第一辑中，就囊括了从唐诗宋词元曲、三国、红楼到艾米莉·勃朗特的《呼啸山庄》、马基雅维里的《君王论》、戴季陶的《日本论》和傅雷的《世界美术名作二十讲》等十八种书目，无视边界，踏破藩篱，透着中外古今一网尽扫的野心。可遗憾的是，作为小开本，印装品质确实不高，结果雷声大雨点小，印象中好像连第一辑都未出完就挂掉了。说明改开初期的读者，虽则选项有限，可也并不是喂什么就照嚼不误的。

那个时代小开文化的集大成者，当首推“法国廿世纪文学丛书”（简称“F·20丛书”）。这套由柳鸣九先生主导的大型文学译丛，1985年开始筹划，翌年秋天正式启动，共分十辑，每辑七种（“取人类生息劳作一周为七日之意，亦有‘七星’之喻”），在封底上打出当辑的书目。我手头第一辑的第一种，是莫洛亚的《栗树下的晚餐》，孙传

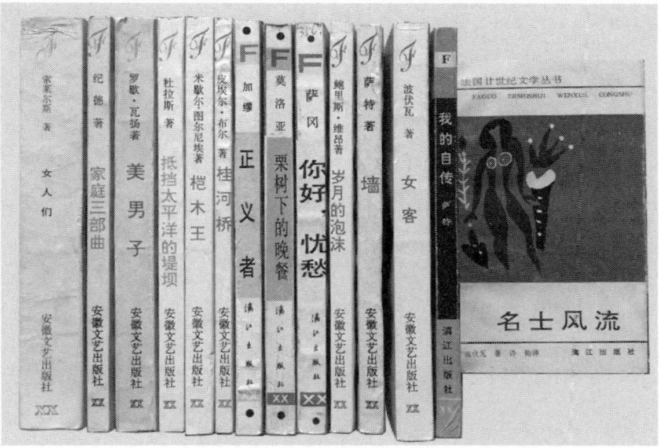

柳鸣九主编“法国廿世纪文学丛书”（简称“F·20丛书”，1985—1999）

才、罗新璋译；第二种是加缪的《正义者》，李玉民译，二者均为1986年9月一版一刷；前者起印一万三千五百册，后者印一万七千二百册，那真是一个文学的时代。出版有分工，前五辑为漓江出版社，后五辑为安徽文艺出版社。七十种书，计七十一册（马塞尔·普鲁斯特的《寻找失去的时间》分上下两册），历时十四年，到1999年才划上休止符——用总策划柳鸣九的话说，是“一个漫长的旅程”。基本上每一种前面都有柳鸣九的译本序，或那一辑的总序，既有研究性，亦具有导读的性质。整套丛书仅柳序部分，便有约五十万字，后结集为《法国廿世纪文学散论》（花城版）和《凯旋门前的桐叶》（三联版）两本书，“基本上表达了我对法国二十世纪文学的看法与见解”（柳鸣九语）。可以说，从选目的专业性到超精英译者团队，从编辑水准到装帧设计，都达到了相当的水准。如此大规模系统译介外国当代文学，几为1949年以来所仅见，至今也未见诸除法国外其他国别研究。

这套丛书的成就是多方面的。即使单就装设来说，也堪称一次小开文化的全面养成，对一种风格清新的出版形态的落地生根，及进一步的标准化、精致化，功莫大焉。以至于丛书尚在出版过程之中，便成为业界争相克隆的对象。如花城出版社的“20世纪外国文学精粹丛书”，至少出过两辑，每辑二十种；如中国电影出版社的“七星文丛”，有郭宏安的《贝壳留住了大海的涛声》、叶渭渠的《樱园拾叶》和柳鸣九的《米拉波桥下的流水》（三种均为2001年1月版）等，包括丛书名“七星”在内，应该也是源于“F·20丛书”的灵感和法国伽里玛出版社“FOLIO”丛书的启发；如社科文献出版社的“法国当代文学广角”丛书，有四种，我收了其中的三种，分别为：老高放的《超现实主义导论》、柳鸣九的《巴黎名士印象记》和吴岳添的《世纪末的巴黎文化》（三种均为1997年12月版）。

如此，“F·20丛书”跨越八十年代中叶到整个九十年代，中间经历了出版业的“大挫折”（指1992年7月30日，中国加入《世界版权公约》），但最终，却成了草创期小开文化的一次成功彩排。不过，在小开文化做大的动力中，还有其他更重要的力量。

四

观察本土小开文化之从无到有，从小到大，可有不同的标准和维度。其中，出版社和出版家，绝对是两个绕不开的视角。而在某些时期，这两个视角可能会高度重合，像是宣纸上两团彼此交融的墨块，随着墨迹的洇开，会变得边界模糊，你中有我，我中有你，正如说到岩波书店便离不开岩波茂雄，谈巴黎的午夜出版社便不能不说到热罗姆·兰东一样。

中国最具人文气质的出版社是哪一家？这个问题在不同的时代，会有不同的答案。今天的话，我们随便会联想到人民文学、理想国、世纪文景、读库等出版机构，一只手未必数得过来。可在上世纪八十年代，答案几乎是唯一的：三联书店。是的，三联才是与文青、小资的想象最接轨的知识文化的生产据点，且前店后厂，门槛低，不端着。“生活·读书·新知”的出版理念，包括它的Logo，不要说在当年，搁四十年后的今天，不，哪怕再过四十年，都不会有半点落伍感。只要生活之水还在流淌，读书的日课便会持续，新知会分分钟哺育我们。

八十年代波澜壮阔的思想解放运动，其实是靠几套丛书撬动的，其中最著名者，是“文化：中国与世界”。确切说来，那并不是单一的丛书，而是一套学术“组合拳”：包括思想文化集刊《文化：中国与世界》，现代经典汉译“西方现代学术文库”，及用短小洗练的篇幅介绍西方人文社科前沿成果的“新知文库”。前二者为通常的三十二开本，而“新知文库”则是小开出版物（2006 年，新知文库推出新版，注重科学人文，称新版新知文库，以区别于旧版，是另外的系列）。文库从1986年起陆续付梓，截至1998年，共推出八十三种，是改开初中期思想资源的重要矿脉。与“F·20丛书”一样，重视选本和翻译，是这套文库的品质保障：如［日］鹿野政直著《福泽谕吉》（卞崇道译，1987年1月版）、［法］加缪著《西西弗的神话》（杜小真译，1987年3月版）、［英］詹姆斯·里德著《基督的人生观》（蒋庆译，1989年5月版）和［德］梅尼克著《德国的浩劫》（何兆武译，1991年7月版）等，均是我早年迷恋不已，一读再读者，无论原著和翻译，都堪称精品中的精品。另一种我当时错过，多年后才从旧书店入手的名著——山本七平的《日本资本主义精神》（莽景石译，1995年6月版），责任编辑竟然是大名鼎鼎的许医农先生。

内容如此，装帧更有品位，珠椟相宜，自不待言。文库按不同的辑次，封面分成几种颜色。书脊的设计别具匠心，除了通常的书名、作者之外，还直观地体现出文库名、序号等要素，颇得日本新书[1]文化之精髓。

提到三联书店，人们首先想到的，恐怕是《读书》杂志。我识《读书》可谓早矣，最初是家母的兴趣，后传染给了我。我一期不落地购买《读书》，是从1987年开始。人在海外的岁月，让家人代买，近七八年则是受赠。因此，我比较熟悉《读书》杂志上的内容。坐拥如此得天独厚的作者“富矿”，三联怎么会不经营？何况范（用）公以降，沈（昌文）公和董秀玉两任老总，都是非常善于经营的出版家。于是，我们才得见国版中的“白娘子”——三联小白本。

小白本其实是由两种版本构成，但两种均为同样开本，封面、封底是白色布纹纸，往往被归成一类。其一是叙事文本，如陈白尘的《寂寞的童年》（1985年11月版），金克木的《天竺旧事》（1986年7月版），杨绛的《干校六记》（1981年7月版）和《将饮茶》（1987年5月版）等；其二是书评随笔，书脊上均印有“读书文丛”字样。前者封面是一帧黑白植物小绘，后者则是单色印的

① 此新书非指新近出版物，而是日版书的一种独特的开本，相当于四十二开。

手稿，或中文或英文，钢笔字，带稿纸纹样。我个人更钟情第二种小白本。但同样是对第二种，也并非从一而终，而是从起初的思想文化随笔，如朱虹的《英美文学散论》（1984 年 5 月版），赵鑫珊的《科学·艺术·哲学断想》（1985 年 11 月版），赵一凡的《美国文化批评集》（1994 年 6 月版）和朱学勤的《风声·雨声·读书声》（1994 年 9 月版），渐次"移情"到了后期的书评书话，如董鼎山的《天下真小》（1984 年 5 月版），黄裳的《珠还记幸》（1985 年 5 月版），姜德明的《书味集》（1986 年 7 月版）及陈原的《人和书》（1988 年 12 月版），等等。小白本共出了多少册，也不大清楚，但我藏有不下二十五种。

可不知为什么，三联随后竟"遗弃"了白娘子——尽管"读书文丛"仍在出，后面辑次的开本也照旧，可装帧风格却为之一变。这样一来，我收的就比较少了，大概后几辑加起来，也就收了十种上下。不过，三联作为国版小开文化的开风气之先者，当然不会就此放弃小开本，其实是在变换打法。我个人倾向于把后来的"三联精选"文库，看作是"读书文丛"的余脉。关于这套书的出笼背景，后来任《读书》总编的郑勇在纪念范公的文章中写道：

> 时间长了，终于明白为什么读者那么尊敬他，读者那么喜欢他，只是因为他的心中时刻装着读者，眼前始终立着作者。说起书越来越厚，越来越重，越来越贵，自绝于读者，他拿出“人人丛书”和“岩波文库”，说就该做这种口袋本。按照这种思路，我推动、策划、组织出版“三联精选”文库，1999 年开始陆续推出四五十种，小三十二开，不到十元。都是大家小书，唐弢、朱自清、叶圣陶、朱光潜的，不少是范先生做过的书。[①]

说是小三十二开，其实比一般的小三十二开要小一圈，大致与辽教版“新世纪万有文库”相当，且都是无勒口普通平装本，便携易读。因多系公版，定价良心至极。而荦荦大者，是选本选文之精粹，对得起“精选”的文库名。文库从

① 见《书痴范用》，吴禾编，生活·读书·新知三联书店 2011 年 1 月第一版，168—169 页。

1999年陆续出到2002年，随出随绝版。我因彼时基本不在国内而错过了大半，只收了十一种，坐下了心中的一大遗恨。这套书是我至今仍会时而翻阅的读品，如《北京城杂忆》（萧乾著，1999年11月初版）、《书带集》（陈从周著，2002年7月初版）、《晚翠文谈新编》（汪曾祺著，2002年7月初版）、《龙坡杂文》（台静农著，2002年12月初版）等，都是可当“文章读本”读，且无“赏味期限”的隽永之作。

那个时代的三联，同一个道统下的三家公司——三联总社（北京）、上海三联和香港三联，出版物的风格很接近。所谓“三联系”，在书业的丛林中，有很强的辨识度。如“新知文库”问世后，上海三联也曾推出过一套小开文库“世界经典随笔系列”，从选题内容，到装帧设计，都很洗练。大约出过两辑，每辑十种，封面分别为蓝和红，但我只收了七种。

值得一提的，是港三联版小开本。内地读者多以为，既然是香港的出版机构，尺度一定与京沪迥异。后来我自己在港三联出过书之后才知道，其实与内地也并没有太大“温差”。不过，虽说如此，诸如繁体竖排、图版的清晰，包括一些设计上比较洋范儿的细节，到底对内地读者还是有一定的吸引力。而且，九十年代中期到二十一世纪之初，一些港三联版书长年摆放在三联书店地下一层三联版书的区位，因比内地版略贵，少有人问津。那些年，有一搭无一搭的，我收了不少港版现代作家回忆录（“回忆与随想文丛”或“读者良友文库”）和诗集（“中国历代诗人选集”），多为横排版小开本。如徐铸成的《炸弹与水果》（1981 年 5 月初版），柯灵的《长相思》（1981 年 12 月初版），萧乾的《负笈剑桥》（1986 年 12 月初版）；如《黄遵宪诗选》（1987 年 7 月初版）和《吴梅村诗选》（1987 年 4 月初版）等。如上文中提到的江苏人民版《九叶集》之后，港三联曾出过一本《八叶集》（1984 年 11 月初版），收录了九位诗人中的八位 1949 年之后的创作，其中有的人一直写到了八十年代。九叶中的杭约赫（曹辛之），因“新中国成立后，专心于美术装帧设计，很少写诗”的缘故，故只撷“八叶”——“这也许是时代的安排吧”（《八叶集》作序者木令耆语）。

当然，不唯港三联版，也不仅是三联内地版的小开丛书，改开初期，三联打造的一些非丛书类单册小开本，选题之佳、装设之美、趣味之正，无论在当时还是后来，都常常令人产生某种“时代错误”般的错愕感。错愕在于：为什么彼时，竟然能做出如此美本？又为什么到后来，条件日渐优越，令人怦然心动的小开佳本却反而难觅芳踪了呢？

如1984年5月版《爱俪园梦影录》（李恩绩著），是曾在柯灵主持的老《万象》杂志上连载过的长篇掌故，原题为《爱俪园——海上的迷宫》。爱俪园的称谓，今已鲜为人知，即旧上海的哈同花园。沧海桑田，花园早已不再，后变成上海工业展览馆，又改称上海展览中心，现在是一年一度上海书展的展场。作者李恩绩的父亲，曾是爱俪园的一名画师。李自小聪慧过人，受家庭和环境的影响，长于丹青，精于词章和文字学，甚至通甲骨文。但一生困顿潦倒，继承父业后，主要工作是在园内写字、作画。但他的作品虽广为流传，姓氏却几乎不为人知，只能充当爱俪园总管姬觉弥的捉刀人。姬氏不仅权倾一时，踌躇满志，还以书画家的身份厕身艺坛，附庸风雅……柯灵的序文《爱俪园的噩梦》曾在《读书》上发表，激起好大的涟漪。《爱俪园梦影录》写爱俪园，却并不囿于爱俪园，是一部关于旧上海租界区的“里面史”。

另一本三联早年推出的小开本话题之作，是《香港·香港……》（1986 年 12 月初版，1992 年 3 月二刷）。作者柳苏是化名，本尊是香港报人罗孚，即那位当年以在《读书》上发表的一篇文章（《你一定要看董桥》），点燃了一场旷日持久的“董桥热”的“始作俑者”。1984 年夏天，因某种原因滞留北京的罗报人和夫人去三联书店访编辑“四姑娘”（周健强），邂逅范用公，被留午饭。席间，范公“悍然”约稿，“让作文谈香港”。于是，文章一篇篇炮制，写出一篇来，便先由四姑娘拿到《读书》上发表，“既可以多得一笔稿费，也可以为这本小书做宣传”。范用还建议约香港画家欧阳乃沾绘插画，那画风，酷似贺友直。成书阶段，范公再次技痒，亲自设计封面，笔名“叶雨”（大约是“业余”之谦）。后罗在回忆录中回忆：

……十六七万字拖拖拉拉写了一年多，一九八五年秋天才写完，书出来时已是一九八七年春天了。这时已经有了"九七"问题，香港引起了许多人的注意，内地到香港来的人也更多了。这本小书也就因缘际会，多了些读者。

别人告诉我，有些单位派人到香港，不管短期还是长期，先发这本小书，让他们初步对香港有一个认识，不致到香港来时一无所知。果然也有人认为有用，我的一位新知就告诉过我一个关于他自己的秘密。

朋友还是第一次出差到香港，他和别人接触时，谈到一些事情，居然像是已经知情的人士，并不陌生，有人问他是何道理，他笑着说，因为看过《香港·香港……》，心里有数。①

说到罗孚，不能不提到另一件事。兹事体大，事关国中——特别是三联版小开文化之隆盛。范

① 见罗孚著《北京十年》，中央编译出版社，2011年5月初版，45—46页。

（用）老板之后，三联书店由沈公掌舵，自然少不了与这位客居京城的香江文化名人发生关系。他在《书商的旧梦》中写道：

> 柳苏先生还乐于助人。知道我对金庸小说有兴趣，专门写一介绍信，让我于一九九八年一月去见作者，洽谈出书。我同金庸先生谈得很愉快。可惜的是，我不久退出出版舞台，没时间在任内办成此事，但金作后来在我们三联书店终于出了，并且着实热闹了一阵，以致人们戏说，这家出版社的经济来源全来自“吃菜”（蔡志忠）和“拾金”（金庸）。①

金著之最终落地三联，应该是沈公的后任董秀玉老板的统战成果，但最初的作筏者正是罗孚。1994 年，三联推出《金庸作品集》，共十二种三十六册，平装本全套定价六百八十八元，从此打开了金著在内地的市场，基本终结了盗版金庸。我

---

① 见沈昌文著《书商的旧梦》，上海书店出版社，2007 年 8 月初版，18—19 页。

至今犹记得在三联书店金庸热销的盛况，不过那与本文的主旨无关。我要说的是，1999 年 4 月，三联在老三十二开平装本的基础上，推出了《金庸作品集》小开本（即所谓口袋本金庸），同样是全套十二种三十六册。“御用”设计师宁成春操刀的装帧风格古雅，又透着正宗的三联范儿，开本比《香港，香港……》还略小一圈，与我最爱的岩波新书是同等规格。我其实不是金庸粉，也不读金著，但也收了一套镇宅。以金庸的市场效力，对普及口袋本所起到的推动作用，无论怎么评价都不为过。至此，三联从改开初期起，积二十年之功，孜孜矻矻，一路从无到有，从小做大的小开文化，终于在新旧世纪之交，以金庸这个醒目的通俗文化标签，完美收官。

后来，关于金庸与三联的合作，我还听到不少八卦。三联之所以在 1999 年推出口袋本金庸，应该也是与金庸的独家版权协议即将到期，所谓“箭在弦上，不得不发”——不发白不发了。据京城藏书家谢其章爆料：“版税最高以前是金庸，15%，他嫌少要 18%，三联给不起金庸就找别家出版社了。”[①] 果然，进入二十一世纪，新版金庸成了花城版。

九十年代末到二十一世纪之初，还有一套文库，应该记上一笔。尽管从开本来说，它并不是本文所论的典型小开，但与战前王云五主导的“万有文库”有承接关系，且其策划和实操者，都是过去四十年来，在出版界呼风唤雨，折腾出老大动静的资深出版家，不提就没天理了：书，是“新世纪万有文库”；人，是沈昌文和俞晓群。

沈公在其回忆录中交待，1996 年他从三联退休，成为“自由身”，与辽教社老总俞晓群的“谈情说爱”遂公开化。沈、俞，加上沪上公子陆灏，一起搞了不少事情，相当程度上改写了晚近中国的出版文化。其中，一项有目共睹的跨世纪工程，便是“新世纪万有文库”。关于这套文库，已不乏相关的研究，无需笔者再来饶舌。在文库第六辑“弁言”中，编者提出的诉求，是“为建立书香社会奠基”。窃以为，此话已然道尽了该说的和能说的全部。前两年，读库出了一本精致的小册子

① 见谢其章著《搜书记》，山东画报出版社，2006 年 7 月版，226 页。

《教养之托付：日本文库本渊源》。在跋文中，作者徐辰谈过王云五先生的事功后，笔锋一转写道：

> 一甲子后，俞晓群先生在辽宁教育出版社主持“新世纪万有文库”，前后共刊行六辑数百册——这套丛书哺育无数求书若渴的老中青读者，弁言中“在在有书本可得，处处有书香漾溢”的字句，深得我心。乃至今日，虽已两鬓斑白，仍不时约上二三好友，前往书肆搜罗“新世纪万有文库”，乐此不疲。

其实，这也是本人的写真。老万圣一进门，一楼楼梯的旁边，曾是我搜求辽教版万有文库的主要据点。大致清点了一下，五个色系，我共藏有三十五种。有些买重的复本，都送了朋友。如果让我举出一本最爱的话，我可以毫不犹豫地给出答案：乔治·奥威尔著、董（乐山）译《一九八四》（辽宁教育出版社，1998 年 3 月版）。奥威尔的这部传世经典，从最早家父所持的内部参考资料“黄皮书”（上下册），到企鹅版英文文库，到早川书房版日文文库，到上海译文中英文对照

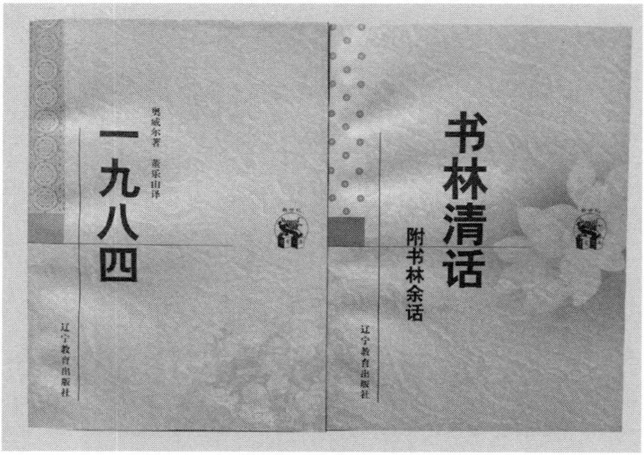

“新世纪万有文库”中，我最爱的两种：董译《一九八四》与《书林清话（附〈书林余话〉）》，均为辽宁教育出版社，1998 年 3 月版

精装版，我藏有不下十种，却独钟这本平装辽教版。至于个中原由嘛，一两句话还真难以说清。但翻阅过那本浅褐色暗纹版小书，实际领略过其简素的装帧和触觉手感的人，会懂得我的话，这就够了。

若再举一本，我会推同一色系中的《书林清话（附〈书林余话〉）》（叶德辉著，刘发、王申、王之江校点，辽宁教育出版社，1998 年 3 月版）。对书客来说，此书的重要性似无需赘言。但我之格外推崇这本，其实还有其他原因——我比较看重两种附文：一是叶著《书林余话》，二是长泽规矩也撰《书林清话纠缪并补遗》（摘要）。《书林清话》是书林传世之作，坊间有不少版本，但收“余话”者夥，附长泽文者寡。长泽规矩也时任法政大学教授，是日本汉学耆宿，中文几乎可乱真京片子，素有“日本文献学第一人”之誉。1923年，在籍东京帝大中文科时，首次来中国修学旅行。后七度赴华访书，广交中土文士书贾，遍蒐典籍珍本。著有《中华民国书林一瞥》，堪称全景版中国书肆地图，既有广角视界，亦不乏对重要书肆的聚焦，其对琉璃厂、东安市场等京城书肆和吴城（苏州）、杭州书肆的描绘，带有日本人特有的视角和品位，饶有趣味。试想，若是没点文化自信的话，一个日本人，敢为《书林清话》纠缪且补遗者乎？

五

进入二十一世纪，本土出版业呈现出新的版图，格局明显大了。毋庸讳言，这与新世纪的最大主题“中国崛起”，当然有直接的关系。“崛起”了嘛，自然就要追求高端、大气、上档次，就出版来说，高大上也许首先意味着精装化。但说归说，一〇年代初中期，其实动静并没有那么大，出版界也还是照做以前做过的事，形态上也并没有很大的跳脱。感觉真正动起来，是在一〇年代后期。从时间节点上说，2008 年是北京奥运；中国经济总量超越日本成为世界“老二”，是在 2010 年。特别是后者，往往被看作是“中国崛起”的硬指标。

作为一〇年代重要的出版现象，“小精装”的出现肯定要记上一笔。应该是从 2006 年开始，上海书店出版社陆续出版了几本小三十二开精装本。如 2006 年 6 月出了黄裳的《插图的故事》，10 月出了林行止的《说来话儿长》；2007 年 4 月出了叶兆言的《陈旧人物》，7 月出了傅月庵的《生涯一蠹鱼》；2008 年 10 月，出了钱钢的《旧闻记者》，等等。起初两年，似乎并没有引起多大关注。直到 2009 年初，上海书店一下子推出了一批同类小书，包括《东写西读》（陆灏）、《南非之南》（恺蒂）、《感官的盛宴》（严锋）、《书商的旧梦》（沈

“海上文库”中的几种小精装和小平装，笔者更爱小平装

昌文）等，连同在那之前出过的几种一起，在主流书店的店头铺货，一派妖娆、粉墨登场的感觉。《中华读书报》等读书类媒体也开始配合宣传。即使我不看那些媒体报道，仅从初期出版物的版权页上，印着陆灏的名字（作为“特约编辑”），及最初一两辑的作者与《万象》杂志有相当重合度这两点，以我对书业的长期潜水，也能看出是与沪上陆公子有关的策划。据文库实际的主持者、出版家王为松说，他长年私淑范用先生，就是要“以这样的开本与气息向三联当年的‘读书文丛’致敬”。“海上文库”先后出过几辑，统共多少种，我并不了解，后来上网查资料，知道出了七十七种。我凭个人的好恶，随出随买，包括作者友人

和出版社的赠书，收了总有小二十种的样子。

不过，即使在小精装刚出炉，人气鼎沸的当时，也颇有一些人，甚至包括某些“海上文库”的作者，内心更喜欢“小平装”。事实上，上海书店后来在精装本之外，又印了十八种平装本。文库中几种我个人特喜欢的书，后来都受赠或重购了小平装，且都是签名本，如傅月庵的《生涯一蠹鱼》、陈冠中的《城市九章》（两种均为2009年5月版）和李长声的《浮世物语》（2012年5月版）。比起小精装来，小平装显然更富于设计感：封面、书脊到封底的白地碎银花纹凸显了文字信息；书衣图案根据书的主题虽呈不同的变化，却恰到好处地与统一的装帧风格形成了某种节奏感；书衣脊设计简洁明了，字框中从上到下，依次呈现“海上文库”、序号、书名和作者，字框下的图案上印有出版社的Logo和社名。

我不知道，“小精装”的出现是搭对（或搭错）了哪根神经。事实证明，那是一场漫长的热病，传染性之强，超乎想象，至今仍未走出高热，我甚至听说过扬言要么不出书，出必小精装的作家。“海上文库”前两辑甫一落地，仅两三年的光景，小精装就遍地开花了：从三联、中华、商务的国社老三家，到中信、新星、海豚，从东方、世纪文景、中央编译，到理想国、花城、山东画报，从上译到译林，直到大学出版社，如广师大社、北大社、南大社和复旦社等，俨然一场“群体免疫”。目测主流出版机构中，只有人民文学、作家社、上古和读库等少数几家未被卷入。

我个人虽然书照买，也承认“存在即合理”，但内心对小精装热一向持观望的立场。因为我觉得就出版本身的意义而言，小精装其实缺乏新意。非但不够新，而且是对上个世纪，经过改开初中期的探索和试错，已经高度普及了的小开文化的“反动”。为什么这样说呢？首先，小精装的底子其实就是传统的三十二开本，“古已有之”，只不过在新世纪被高大上化，糊上了一层硬壳而已，其他元素都没变。这种印装规格，在日美等西方国家，其实已是过气的文化。

如日本，除了两种小开本（新书、文库）之外，主流单行本与中国一样，分大小三十二开本。大三十二开本，一般初版多为精装本（Hard Cover），再版时会改出文库本。而小三十二开本，初版平装本占压倒多数。七八十年代，小三十二开精装本不算少，但随着出版的持续不景气和读者阅读趣味的进化，这种印装规格已挺难见到了，除非去旧书店淘。

我们可以随便举两个例子：如《日本的外在与真相》（理查德·哈洛伦著，木下秀夫译，时事通信社 1970 年 4 月版），1970 年初版即是精装本；另一本《日本文化的问题》（西田几多郎著，岩波书店 1982 年 3 月版），初版于 1940 年 3 月。战后被纳入岩波新书（赤版，No. 60）的同时，曾出

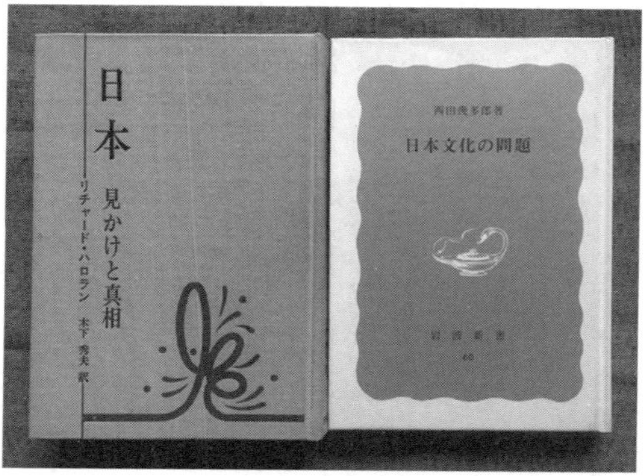

『日本——見かけと真相』，リチャード・ハロラン著、木下秀夫訳，時事通信社 1970 年 4 月版；『日本文化の問題』，西田幾多郎著，岩波書店 1982 年 3 月特装版

过一个特装版，封面与岩波新书（赤版）一模一样，但无书衣。这两种书，都是七八十年代典型的小三十二开精装版，与我们的小精装一模一样，放在一起，几可乱真，可今天早已被小开平装的新书版所取代。新书不但价廉，且选题大胆新颖，装帧风格导入时尚元素，在公共场所捧读，相当拉风。

说到日本新书文化，在我国已然不是新闻。2019年，新经典从岩波书店引进版权，日本新书家族中的“老大”岩波新书，首批十三种以简体横排的形式落地中国，这是东亚出版文化交流史上的大事。

我其实很早就听到了消息，新书付梓后，还应邀参与过其中两三本的出版宣传活动。可在为新经典和中国知识界感到欣慰的同时，心里却一直有种遗憾：我一向主张，要引进异域文化，就应该归里包堆，连珠带椟，原封不动地引进。岩波新书在创设八十年后，进入中国原本是一件大好事，可出版商只移植了内容，却“扬弃”了新书的版式，把人家一本透着知性之美和历史酿成的“熟女”气质的小开本，“因地制宜”地变成了

日本岩波书店的几种文库和岩波新书

一册小精装。而且，明明连封面设计，包括赤版、绿版的色彩、编号等元素都是“拿来”的，干脆拿来到底就是了，结果却给小精装外面裹上了一层独立设计的书衣……画蛇添足，此之谓也，且白白浪费了移植东洋新书文化的一次良机。

引进西方先进、洗练的出版文化，“拿来”是最好。先消化原汁原味的珍馐，在充分掌握人家食材、佐料、配比和烹饪法的基础之上，再来谈“创新”不好么？这并不是我个人的偏执，其实在本土出版界也不乏共识，现成的成功案例有的是。同样被称为“小精装”，可构成并不完全一样。譬如，有一种早年由南大出版社首创的瘦长开本，比通常的小精装要窄两公分左右，我自己大致量了一下，应该为 11.1×18.6 公分，权且称之为南大社瘦版小精装。而这个开本的由来，竟然是英国菲登（PHAIDON）出版社的一本超级长销书——E.H.贡布里希著《艺术的故事》（*The Story of Art*）的英文版平装本。

著名学术图书编辑，江湖人称“杨师傅”的杨全强，九十年代末曾在南京的视觉艺术志《光与影》做编辑，我忝列作者。那家刊物寿终正寝后，他先是在江苏人民出版社，后去了南大出版社，厕身出版，擅长打造兼具视觉性和后现代理论性的出版物及西方流行音乐人传记。他早年做的一些著名丛书，我多有收藏，如江苏社时代的“书写与影像”丛书，南大社时代的“精典文库”等。多年后，他来北京工作，且办公室和住处都离我不远。一次，我们在霄云路一带约酒。席间他对我说，南大社瘦版小精装，当初（应是 2010 年前后）是他照着菲登版《艺术的故事》的版型而定下的尺寸，“用尺子量，完全拿来，分毫不差”。刚好他说的那本书，当时是我的案头读物之

E. H. 贡布里希著《艺术的故事》，英、中、日文版。英、日文版为英国菲登版，中文版为广西美术版。从菲登原汁原味引进的开本规格，是南大社瘦版小精装的由来

一，非常熟悉。而他照贡著打造的一系列瘦版小精装，我要么自购，要么受赠，几乎一本不缺。带着酒劲儿，我当场脑补，对杨师傅的“拿来”创新暗中点赞。

如果再温习一下那些书的话，我几乎可以随手写出书名，而无需确认书架。记忆中主要有两类，纯白系和彩色系（包括黑色）。前者有［法］安德烈·高兹的《致 D》（袁筱一译，2010 年 4 月版）、余斌的《周作人》（2010 年 8 月版）、［法］皮埃尔·布尔迪厄的《关于电视》（许钧译）、翟永明《十四首素歌》（两本均为 2011 年 1 月版）；后者有［法］让·波德里亚的《论诱惑》（张新木

河大社瘦版小精装家族

译，2011 年 2 月版）和《美国》（张生译，2011 年 10 月版），[法] 保罗·维利里奥的《战争与电影》（孟晖译，2011 年 5 月版）和 [法] 让-弗朗索瓦·利奥塔尔的《后现代状态》（车槿山译，2011 年 9 月版），汪民安的《现代性》（2012 年 6 月版），等等。除了几种文学读本外，其余均为“棱镜精装人文译丛”（主编张一兵、周宪）。

南大社瘦版小精装，一直出到杨师傅离宁北上之后的好几年。后来，他又把这种异型小开标准带到北京，创建了河南大学出版社上河卓远的品牌。于是我们看到，过去七年来，上河版“人文科学译丛”（主编汪民安、张云鹏）已蔚然大观。我曾在网上看到过一个说法，说如果没有杨师傅的话，包括鲍勃·迪伦在内，关于中国和西方流行音乐文化的各种传记和随笔，“半壁江山将不复存在”（大意）。其实，何止是流行音乐，从南大社的“棱镜”到上河版“人文”，这两个译丛被公认是中国后现代理论及文化研究领域最系统化的成果。可以说，正是杨师傅彻头彻尾的“职人”精神，赋予了本土的思想学术出版以一种特别文艺的气质和可触摸的质感：那些内文版式中毫无视觉负担的行距，封面封底素雅的装帧布，既不失学术味儿又不会过于高冷的书衣，及书衣上的小号宋体字和更小的作者署名……凡此种种，不啻无言的装设美学课。

事实证明，杨师傅首倡的这种异型袖珍本，确实是书小乾坤大，放在一堆大书中，不仅不会被湮没，反而会变得异常抢眼，且有气场辐射。近两三年来，其示范效应已开始彰显。如上海雅众·北京联合出品的日本俳句短歌文库，已出《但愿呼我的名为旅人：松尾芭蕉俳句300》（陈黎、张芬龄译，2019年2月第1版）、《夕颜：日本短歌400》（陈黎、张芬龄译，2019年6月第1版）、《乱发：与谢野晶子短歌230》（尤海燕译，

2020年6月第1版)、《芭蕉·芜村·一茶:俳句三圣新译300》(陈黎、张芬龄译,2020年8月第1版)等九种,更多的小伙伴挤在路上。道地的和范儿装帧,蒙肯纸,荷兰板薄而挺括,书脊两端的堵头布与封面同色……你在盈盈一握的瞬间,心就变软了。如果借用此文库中之三种的书名,打油汉俳一阙来形容这套小书的话,那就是:

夕颜花又开
生如朝露倏忽逝
剩米慢慢煮①

由日系装帧,到日范儿的生活,竟如此短路。

再折回杨师傅。即使在鱼龙混杂的常规开本小精装家族中,他的出品也是可圈可点。如他北上前夕,在南大社出的三种小书,从装帧、版式,到材料和工艺,都是可为小精装壮门面、"涨姿

---

① 分别对应三种雅众版小书:《夕颜:日本短歌400》,[日]小野小町、和泉式部著,陈黎、张芬龄译,北京联合出版公司2019年6月第1版;《这世界如露水般短暂:小林一茶俳句300》,[日]小林一茶著,陈黎、张芬龄译,北京联合出版公司2019年2月第1版;《只余剩米慢慢煮:种田山头火俳句300》,[日]种田山头火著,高海阳译,北京联合出版公司2019年12月第1版。

势”的“美本”：田川的《东京记》（2012 年 6 月，软精版）、《草莽艺人》（2013 年 3 月版）和孟晖的《画堂香事》（2012 年 7 月版）。

小精装书的印装技术要求颇高，达标并不容易。我本人对各社十数年来推出的主要系列均有所藏，过眼就更多。除了装设和一般常见的工艺问题外，最看重的是上下书脊口的处理是否到位，包括圆脊的自然弧度是否圆润，书脊口内侧露出部分与堵头布的公差是否平均，视觉舒适与否；其次是书封的纸板（荷兰板）切忌过厚，过厚就显得蠢。但使用相对轻薄的材料，却又容易变形。在如此严苛的标准下，真正能入我“法眼”的小精装系列相当有限，较比心仪者，大致有三家。一是三联版“中学图书馆文库”，二是上海文艺版“新文艺现代艺术大家随笔”。前者按内容分成几辑，不同辑次用颜色区分，种类非常多。虽说是面向中学生，但在我看来却是大人必读。我只收了不到十种，如汉宝德《中国建筑文化讲座》、曹聚仁《中国近百年史话》（两种均为 2008 年 11 月版）和王佐良《英诗的境界》（2012 年 9 月版）等。后者其实是我以前曾长年写艺术专栏的上海老《艺术世界》杂志编辑朋友的出品，软精版，装设、工艺之精湛，几无懈可击。其实我原先藏有几种平装旧版，可后来还是难禁诱惑，不到一年，竟陆续把全套十种都拿下了。其中我个人最喜欢的，是《黄宾虹艺术随笔》《傅抱石艺术随笔》（均为2012年3月版）和《台静农艺术随笔》（2014年3月版）。还应该提一句的是，这两种小精装均无书衣，三联版个别册带腰封，而上海文艺版则连腰封也省了，很是飒爽。

另一家不可无视的小精装大户，是上海译文社。应该说，无论是推出的时间，还是影响力，上译都堪称小精装文化的原动力之一。凭借其在外国文学领域无可争议的权威性和一流的译者资源，它一向拥有众多的小资读者。而外国文学与小资，这（在我国）几乎是一个一体两面的问题，很大程度上是可以划等号的。说得绝对一点：小资趣味之纯正与否，基本决定了丛书的品质（包括形式）。而上译，则代表了小资趣味的标准。可以说，如果没有上译版的加入，小精装的成色肯定会大打折扣。

上译“译文经典”系列，因其色彩斑斓、图

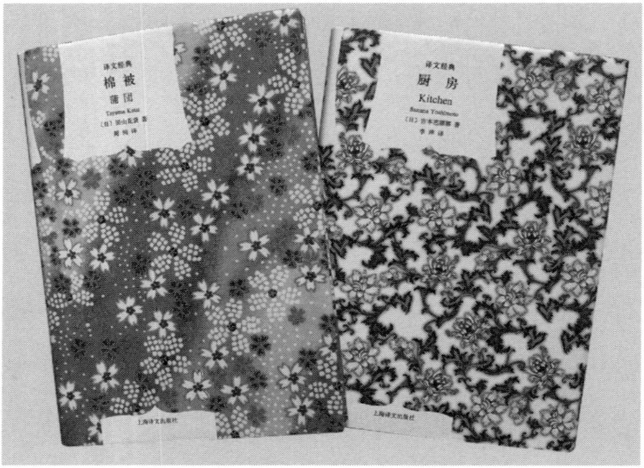

在上译色彩斑斓的“窗帘布”（即“译文经典”系列）中，笔者独钟两种“洋瓷”：《厨房》（吉本芭娜娜著，李萍译，2008 年 10 月版），《棉被》（田山花袋著，周阅译，2011 年 10 月版）

案繁复的书衣，被读者昵称为“窗帘布”。而在那一派姹紫嫣红的“布艺”中，我个人其实被几种“洋瓷”治愈，如吉本芭娜娜的《厨房》（李萍译，2008 年 10 月版）、田山花袋的《棉被》（周阅译，2011 年 10 月版）等。窗帘布的下面，是包着浅灰或浅蓝色布纹纸的封面，沉静大气，工艺规整。从内容上来说，译文经典中有些品种原本就是上译社老精装系列“世界文学名著丛书”中的构成，译文已成经典，如杨苡译《呼啸山庄》（［英］艾米莉·勃朗特著）、于雷译《我是猫》（［日］夏目漱石著）等。但更多是过去二十年来，被译介到中国，并逐渐沉淀为名著的新经典，如 J. M. 库切、伊恩·麦克尤恩、玛格丽特·尤瑟纳尔、石黑一雄等。还包括一些小说之外的文本，如作家随笔和一些经典人文思想读本，像柏拉图的《苏格拉底之死》、弗洛姆的《爱的艺术》、苏珊·桑塔格的《论摄影》等。十年中，共推出九十五种，人气了得，小资粉丝的收藏情热，并不下于人文社新旧版的“外国文学名著丛书”（即“网格本”）。我个人虽然只收了不到二十种，却不乏大爱者，如詹姆斯·乔伊斯的《都柏林人》（王逢振译，2010 年 8 月版），格雷厄姆·格林的《权力与荣耀》（傅惟慈译，2012 年 4 月版），布尔加科夫的《大师与玛格丽特》（高惠群译，2017 年 12 月版）等。

某种意义上，上译确实不愧是小资标准的制定者。而标准制定者维系自身存在感的最有效策略，便是制定更新的标准，这一点也反映在上译社近年来的新动中。2019 年 5 月出版的《纳博科夫精选集Ⅰ》和一年后出版的《纳博科夫精选集Ⅱ》（均为全五册），由《洛丽塔》《微暗的火》

《黑暗中的笑声》等九部小说和自传《说吧，记忆》组成，是一次用新囊盛旧酒的尝试，容量大大超越了通常小精装的指标（《洛丽塔》五百零二页，《说吧，记忆》四百四十六页），却毫无沉重感。除了封面封底的墨绿色薄材荷兰板之外，书脊处色分五种的书衣，封面上的铅笔素描和扉页上的藏书票，包括书签丝带等细节，都充分呈现了这套书的品质，也配得上纳博科夫这位文坛段位极高、一向被视为“作家中的作家”，除了文学之外，对现代文化，甚至后现代文化也发生过相当影响的文体家。

上译社小精装仍在持续发力，最近的动作是小开化。疫情中的出品“阿瑟·米勒作品系列”（全五册），规格窄化，介乎常规小精装和南大社瘦版之间。作为一次开本折衷的努力，对细节的追求却堪称彻底：素白的荷兰板，与素白书衣的设计相协调。每种书有统一的题图——一帧超小幅水彩画，彩色版印在书衣上，黑白版则用来装点纯白封面。我喜欢《推销员之死》的手提箱，可《堕落之后》书衣上的那只被咬了一大口的红苹果，更令人想入非非。每部作品书衣题图旁边写着一句话，是剧中的台词，非常经典，有金句效果。如《都是我的儿子》（陈良廷译）上写道："只要自私一点，他们今天就都健在了。"《萨勒姆的女巫》（梅绍武译）则写着："随你的心愿去做吧，但是不要让任何人当你的审判员。"可要说接地气、舞台现场感，当属英若诚逐译的《推销员之死》："推销员就得靠做梦活着，孩子。干这一行就得这样。"

另一种与南大社瘦版小精装一样，对本土小开文化有创新和发展，我个人持正面评价的变体小精装文库，是"海豚书馆"。这个文库也是沈公退休后，与俞晓群、陆灏"谈情说爱"、搞事情的成果。2009 年，俞晓群从辽版集团老总的位上荣退，转战京城，受聘于海豚社，遂成了这个项目的实操者。此文库"致力于文化普及的长远出版工程"，按内容分成六种颜色，分别为蓝系（海外文学）、红系（文学拾遗）、橙系（文学原创）、绿系（学术钩沉）、灰系（学术原创）和紫系（翻译小品）。一般来说，学术出版不碰文学原创，是通例，可"豚馆"却连原创带翻译，与学术"一勺烩"，给人的感觉是野心好大。不过，俞总出手，必是大手笔，早已是业界共识，我当然也不怀疑。反正他们一边出，我一边收就是。统共出了多少种，何时打上了休止符，我都不大清楚。自己手里各种色系，计有三十五种，且颇有几种难得的资料。

这套文库，江湖上一向毁誉褒贬，言人人殊，但我个人是喜欢的。比常规小精装略窄，方脊，算是创新。蒙肯纸印刷，分量轻，体量也轻，有的册子也就是一篇长论文的容量。分系、编号等要素，执行得算是彻底。而这些要素执行彻底与否，直接关涉小开文库的完成度。不过，作为二十一世纪第二个十年落地的小开文化项目，确实有些短命。可比它更短命的项目也多了去，这样一想便释然了。出版的寿限，受制于太多因素，谁能料事如神呢？当初“海上文库”的宣传通稿上有个口径，所谓“书小价廉格局大”，回头看，我觉得用这话来盖棺“豚馆”，倒挺合适。

六

毋庸置疑，滥觞于八十年代初叶的小开文化，的确在不断强化。今天去独立书店，新书台上，小开本已经不是点缀，基本占了半壁江山。但细加考察会发现，江河浩荡的小开潮流，其实是由两股水流汇成，虽然都是小开，却代表了两种不同的文化：其一是改革开放之初，由三联版“读书文丛”“新知文库”等首倡的小开平装本文化，二是一〇年代中后期兴起的小精装文化。前者成溪日久，细水长流，虽未见汹涌，却始终不绝；后者虽是中途汇入，但一路狂风骤雨，喧闹奔腾，一泻而下。不过，据个人私见，后者似有用力过猛之嫌，尽管尚未呈收敛之势，但端赖雨水，后续很难说。而前者虽然看上去不温不火，却一直在慢慢发酵，在过去二十年中，令人着迷的“精酿”并不少，善饮者日增，“人传人”之势，正难遏制。

改开以还，出版业一直有一股生猛的势

力——湘军。湖南人民、岳麓和湖南美术出版社，都曾在不同时期引领过风骚，就小开文化而言，也不遑多让。九十年代，艺术家陈侗、李路明曾在湖美策划过一套“实验艺术丛书”（EALS），从法国午夜出版社购买版权，比较系统地引进了一批美、法新锐小说家的作品和西方建筑师、艺术家的回忆录、访谈录。我记得阿兰·罗伯-格里耶、让-菲利普·图森等小说家，就是经由这套丛书开始进入国人的视野，其中包括如《打女佣的屁股》（［美］罗伯特·库佛著，1998 年 4 月版）等在当时看来相当出位、也相当魅惑的后现代文学作品。这套书从 1992 年一直出到世纪末，总共出了多少种，我不掌握，反正收了比较感兴趣的十四种。严格说来，这套作为小三十二开本，并不是本文的论述对象，但因为与后续两种小开丛书有一定的承袭关系，需顺带提一下。在我看来，这套丛书的普通平装（不带勒口）、素白封面和编号等特点，是典型的小开文化要素，与草创期几种主流袖珍文丛一脉相承，在今后还有做大的空间。

后湖南文艺出版的小开“午夜文丛”（软精

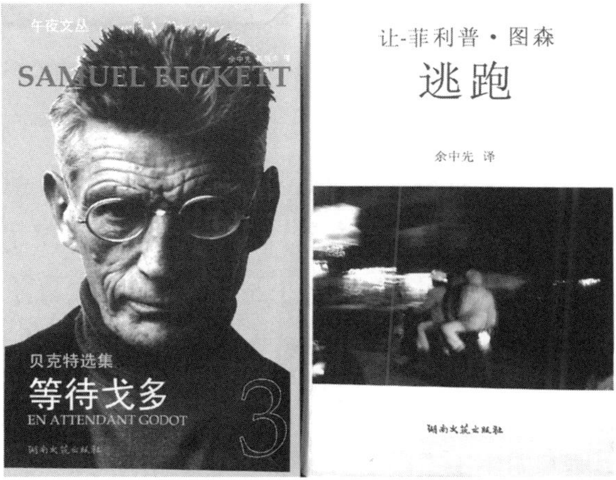

湖南文艺版“午夜文丛”（软精版，2006）

版），与“实验艺术丛书”显然有关，原来的那种实验性草莽气质不见了，代之以某种对精致设计感的追求。之所以说是“追求”，是因为尚未到达，感觉就差了那么一点点。素白封面上，粗砾虚焦的黑白摄影，书名和著译署名字号很大，封底有作者的头像彩照。我只入了一种，即让-菲利普·图森的《逃跑》（余中先译，2006 年 7 月版），包括《做爱》和《逃跑》两部中篇，都是超喜欢的文本。

接下来，湖南文艺更令人惊艳。2012 年到 2013 年，《贝克特作品选集》出版，包括剧本《等待戈多》《自由》，长篇小说《莫非》《马龙之死》及《短篇和诗歌集》等，全十一册。同样是陈侗策划的“午夜文丛”，这次是平装版。依然是素白底封面，黑白摄影换成了米歇尔·马多（Michel Madore）的抽象风封面绘。封面字号缩小，深蓝色的字挺秀气，封底的元素也大大简化。这套小书至今仍是我的至爱。

再往前回溯，2000 至 2002 年，上海人民出版社推出了一套“袖珍经典”（Pocket Classics）丛书，囊括了曾对近现代文明产生过深刻影响的法德两国知识巨人的九种小书。平装、编号，统一的 Logo 和装帧形式，像商务版“汉译名著”或岩波新书那样，不同的学术领域（哲学、社会学、人类学等），以不同的颜色来区分，通俗而又不失学术味道。我收了其中五种：康德的《道德形而上学原理》、尼采《历史的用途与滥用》、列维-斯特劳斯《图腾制度》、马克斯·韦伯《社会学的基本原理》和维尔纳·桑巴特的《奢侈与资本主义》。

2001 年 3 月，中国电影出版社还出版过一套《外国影人录》，分法、美、苏、德四部分，其中大半是美国部分，占七册，苏联两册，法、德各一册。每部分都包括那个国家的编、导、演和艺术理论家的简介，对其艺术成就和著述的评述，大部分附有照片。虽是资料书，但有一定的研究性，且印数极少。我当时正迷恋法国新浪潮，故入手了法国部分。作为那个时代的平装小开，书做得挺地道。

2005 到 2006 年，北京十月文艺社出了一套“大家小书·洋经典”文库，出版或重版了一批硬核经典，编委会阵容超豪华，译者包括鲁迅、郑振铎和冯至，气场碾压编委会。好像出了两辑，每辑十种，均为带勒口平装，扉前页有藏书票。我只收了两种，一是鹤见祐辅的《思想·山水·人物》（鲁迅译，2005 年 1 月版），二是芥川龙之介的《中国游记》（陈生保、张青平译，2006 年 1 月版）。但在我的眼里，这些与其说是二十一世纪的新动，不如说是八九十年代小开文化的余绪罢了。可虽说如此，这种余绪是如此的执拗，在一〇年代，近乎偏执地对抗着象征“高大上”的大开精装本文化，余音绕梁，久久不散，直到小精装开始冒头、几种主流的 MOOK 改版。

许知远主导的《单向街》，是标准的小资读本，偏知识分子化，散发着浓烈的本雅明气质。2009 年 8 月创刊，以每期二百三十页左右、大三十二开的面孔，陆续出了五本。2014 年 7 月，从 06 号起，更名为《单读》的同时改版：小开软精本，素白底封面上有一张摄影作品，编号的下面是那一期的关键词，如 06 号是“逃离·归来”，07 号是“旁观者之痛”……11 号是“联结/断裂”。如此又练了几年，2016 年 11 月，从 13 号起，再度改版：同样的小开本，放弃软精，内文采用轻型纸；纯白封面上，书名、期号、主题词以凸版压凹印刷；一枚 A3 大小的纯质纸，双面印，信息量很大，精心折叠后便成了书衣。与此同时，出版社也从广师大社换到了台海社。

差不多同一时期，另一家以叙事文本为主打的 MOOK《读库》，从 1601 号起，也全面改版：小开化，轻型纸；放弃了牛皮纸封面，改为浅灰色 250 克哑粉纸；按年度调整书脊的颜色，并使之与封面上凸字粉印刷的文字颜色相协调；原扉页上的藏书票，变成一帧彩绘。一本做了十年的 MOOK，改版到底好不好，见仁见智，知乎、豆瓣上至今仍在争论，但归根结蒂，是其核心编辑团队的直觉和读者们的观感、手感说了算。一个基本结论是，小开化之后更有一种“文青必携本”的味道。而有了《单读》《读库》等 MOOK 的加持，加上过去十数年来小精装的定型化，小开文化真正大热起来——借用日系推理的说法，是本格化了。

这方面，我有一些个人化的观察。一个总的感觉，是文化本身在蜕变：原先那种以大开精装本为“高大上”的时尚文化在后退，而以小为美的“次文化”则走强，日益主流化。至于说在这种文化赖以生成的动力中，有没有诸如北上广深房地产价格高企，读书人居尚且不易，遑论构筑一个像样书房的张皇，及城市地铁延伸，小资白领通勤时间增加，在读屏之外又多了一个读书的选项，而在摩肩擦踵的通勤车厢里，大书不易展读等因素，我想是有的，但我只谈出版的因素。

小开文化虽然由来已久，但真正做大做强，与大开文化彻底逆转，即使在日本那种出版先进国，也不过是过去一代人的事情。1997 年，东洋出版业达到顶点，旋即进入衰退模式，全国书店以每年一千家的速度消失，可书业（包括出版和零售）的整体规模却没有发生断崖式、跳水式的萎缩。其背后，一个最主要的支撑，就是开本革命，即从传统的以大小三十二开单行本为主的开本，变成两种主流的小开本：文库版（六十四开）和新书版（四十二开）。当然，这两种开本，在东瀛出版业的架构中各有其功能分工，日人分得很清晰，从不混淆。这一点是历史形成的文化，传统的一部分，难以复制，也没必要复制。但窃以为，以这两种开本为模板，来推进本土的开本革命，的确是一个颇富实操性的选项。出版业一向是国际化程度最高的行业之一，早在全球化之前，便已实现了知识交易（版权）的国际化。不同国家书业和出版人之间相互学习、“拿来”、渗透、影响的案例，简直不胜枚举，如岩波文库便是以德国“雷克拉姆世界文库”（Reclam Library）为模板而创立，而岩波新书则参考了英国“鹈鹕丛书”（Pelican Books）的开本。出版家杨全强根据英国菲登版贡布里希的《艺术的故事》，一手打造了南大社瘦版小精装的标准，亦是一个绝好例证。

其实在我国，这种开本革命已经拉开了序幕，正在静悄悄地推进。如读库，虽然在过去十五年的小精装浪潮中，始终“独善其身”，奇迹般地保持了“鞋不沾水”的记录，但在新一轮的小开革命中，却成了湿脚汉，戏水正酣。库版文库（读库本），开本介乎于日系文库版和新书版之间，标准似尚待统一，但已蔚然成林，颇有可观。大致说来，有几类：一是从日本引进版权带版式，原汁原味移植的文库本，如“读库・无印良品文库”（DUKU/MUJI BOOKS 人与物），已出齐十四种，包括《小津安二郎》《柳宗悦》《花森安治》《茨木则子》等；二是读库自己打造，但开本比较偏向日系文库版的文库本，如《教养之托付：日本文库本渊源》（徐辰著，新星出版社 2017 年 1 月第一版）、《嵇康之死》（陈滞冬著，新星出版社 2020 年 1 月第一版）、《侘寂》（［美］雷纳德・科伦著，谷泉译，新星出版社 2016 年 6 月第一版）、《以纸为桥：日本制纸石卷工厂灾后复生记》（［日］佐佐凉子著，姚佳意译，新星出版社 2020 年 6 月第一版）等；三是比较偏重日系新书版的库版文库，如《茶书》（［日］冈仓天心著，谷泉译，新星出版社 2019 年 7 月第一版）、《乌托邦年代》（［法］

读库出品的部分文库

上海文艺社新近推出的“小文艺·口袋文库”

让-克劳德·卡里耶尔著，胡纾译，新星出版社2018年4月第一版），如“建筑史诗”系列（王南著，已出十册）和“医学大神”系列（朱石生著，十四册套装），等等。读库本清一色是平装本，既汲取日系文库和新书的美学趣味，又融入了独特的库风和质感，从设计到印装，特别是材质，都相当有调性。

2012 年，在小精装甚嚣尘上的时期，曾以一套十种（2015 年又添一种）“新文艺・现代艺术大家随笔”的软精系列，刷新了时人的袖珍本美学观的上海文艺社，近来又推出了“小文艺・口袋文库”，按内容分为“知物”“知人”“小说”和“33 $\frac{1}{3}$”等子系列，涵盖随笔、传记和纯文学等题材，给人的感觉是一个开放性文库，以后应会纳入更多的选题。作为无勒口普通平装本，这套小书把 Logo、颜色区分、书脊的功能设计等文库要素做到了极致，近乎尤物级，无言地诠释着出版方所谓“小而简就是美”的主张，令人爱不忍释。我纯凭兴趣，暂入了八种，分别为西方流行文化系（“33 $\frac{1}{3}$”）的《地下丝绒与妮可》（[美] 乔・哈佛著，姜亦朋译，2019 年 1 月版），《鲍勃・迪伦：重返 61 号公路》（[意] 马克・泼利佐提著，洪兵译，2020 年 6 月版），《人行道：无为无所》（[英] 布赖恩・查尔斯著，林家翔译，2020 年 6 月版）；“知人”两种：美国小说家塞林格的传记《艺术家逃跑了》（[美] 托马斯・贝勒著，杨赫怡译，

2020 年 2 月版），英国艺术家卢西安·弗洛伊德传记《眼睛张大点》（［美］菲比·霍班著，罗米译，2020 年 2 月版）；还有三种新锐小说：《请女人猜谜》（孙甘露著，2017 年 6 月版），《报告政府》（韩少功著，2017 年 4 月版）和《无性伴侣》（唐颖著，2017 年 4 月版）。

另一家我想到的蛮有日系文库范儿的出版机构，是起步未久的一頁（folio）。他们新近出品的“文豪手帖”丛书（全四种），分别为永井荷风的《美利坚物语》和《法兰西物语》，夏目漱石的《浮世与病榻》及芥川龙之介的《妄想者手记》（四种均为陈德文译，北京联合出版公司 2020 年 7 月版），文库版开本自不在话下，从封面到书衣，从和风环衬到编号等要素，真与角川文库的纯文学系有得一比。盈握在手的瞬间，人就被治愈了。

七

一部出版发展史告诉我们，所谓“开本即王道”绝非一句空话，而是包含了现实意味和鲜明主张的信息，且自带能量，可转化为生产力。种种迹象表明，中国书业在经过改开初中期的粗放发展和过去二十年来相对精细化的深耕之后，今天正面临一个新的瓶颈期。何以走出瓶颈，迎接更大的机遇和挑战，打造精致有品的出版物，从而让我们的文化变得更“有文化”，更富于创意，也更可持续，是国中每一个出版人和爱思想的读者都无法回避的课题。

目下，国内出版大小各社正在以前所未有的力度，争相推进的小开本出版潮，不啻一场静悄悄的革命。我认为，这场革命无疑将改写我们与书籍的关系，包括收藏与阅读的方式和其他亲密接触的形态，可望构筑一种新型的书业文化，创造更多书香盈盈的城市公共空间。对此，个人乐观其成。

附记：本文发表后，我偶然读到陈子善先生的一篇旧文《漫谈“百花散文小丛书”》，得知百花文艺出版社曾出过一套丛书，并没有一个统一的丛书名，但有三个关键词，即“百花”“散文”和“小丛书”，贯彻始终，或可视为丛书名。那套丛书“比普通 32 开本还小的 690×960 毫米 1/32 的开本，当时是独此一家，小巧玲珑，可随身携带，人称‘口袋书’是也”，且“装帧方面，又有平装、软精装和硬精装之分，也都可圈可点。可惜的是，后二项未能贯彻到底”。从 1962 年到 1993 年，共出过一百零三种，最后一种，是邵燕祥先生的《小蜂房随笔》，仅印千册。无论是从出版时间，还是出版规模上说，这套丛书应该是 1949 年后，国版小开本出版史上值得一提的现象。特记之。

（发表于《上海书评》2020 年 11 月 2—3 日；转载于《读库 2204》）

#《读库》百期话库事

一

2020年6月2日，老六发来微信，“库在南通的新库房已经基本就绪，准备于6月6日（本周六）在那里做一场小小的开业典礼，与各位亲友分享”，问我“是否方便来南通热闹一下”。我当然知道读库在紧锣密鼓地推进南通仓库的事，这应该也是库史上最重要的一次战略转型。但刚好那几天，手头有无法再拖的译事，着实难以分身，只好请辞，“俺在北京自酌同贺吧”。

尽管没能出席开业式，但我知道老六对南通相当中意。这个有“中国近代第一城”之誉的长三角城市，深受清末民初实业家张謇的形塑，其影响无处不在。目前，在全国地级市二十强中，排名第六（!）。不知是不是这最后一点，促成老六下的决心，反正他对斥巨资打造新仓库，且不惜把华北旧仓库的库存整体搬迁的大手笔，是成竹在胸。后来我浏览各种媒体发布的视频和文字资料，看到老六在“6”号库房里，脚踩风火轮似的平衡车，手执麦克，为来宾和读者导览的画面，目光中透着笃定。活动后没几天，我收到了寄自南通的读库礼包，内容丰盛到淤：有第 101 期的《读库》（《读库 2002》），有艾莉设计的冷冰川墨刻作品明信片版合辑《江东江东》，文库版 NB（Notebook）“因书而在”“有书而美”。还有一册新库本，日本女作家佐佐凉子的非虚构作品《以纸为桥：日本制纸石卷工厂灾后复生记》，记录了在“3・11”巨震中被摧毁的日本制纸石卷工厂，如何实现灾后重建、复生的故事，在今天看来，简直像是隐喻，格外有意义。在随附于礼包中的信中，老六写道：

> 这本小书与读库用半年多时间完成的重生有着微妙的同质性，书中真正感动我的，是这家纸厂毁灭于纸媒式微之际，当他们决定重建时，并不是因为市场前景一片光明；也明知恢复生产后，还是要面对纸质出版物

不可预知甚至萧条衰落的命运，但他们依然要完成重建，依然要恢复造纸，因为这个世界上有人需要。

当然有人需要，有很多人。日本制纸承担了日本这个出版大国约四成的纸张供应，其中不乏字典纸等特种纸。我估摸着，老六在旧华北仓库“囤积居奇”的纯质纸库存中，就有不少日本制纸的产品——不过，我并没有确认过。礼包照例是读库标配的包装——纸盒、气泡膜加填充物，虽历经千里颠簸和快递过程中的种种蹂躏，却完品如初。这一点，知易行难。说起来，读库确实是最早确立自社包装标准的出版机构，能充分应对本土物流配送的“暴力”特性，经得起折腾，已不逊于日美亚马逊。多年来，我受赠和购买过各种开本的读库本，几无品相之虞。

愚钝如我，直到第101期刊物到了案头，才猛然意识到，原来《读库》已悄然过了百期。大抵，一本刊物如果办了百期还没有挂掉，是应该说点什么的。当然，万一挂了，更应该说点什么。如果说后者是为了盖棺定论的话，那么前者则旨在盘点库存，着眼于“继往开来”。何况，读库的存在价值和意义，远不止于作为 MOOK 的《读库》本身，在出版不景气的今天，风景独好，俨然成了一种现象级景观。

二

《读库》创刊本身，就堪称“现象级”事件。这当然与老六的个人气质和“卡里斯玛”有关。可以说，他是赤手空拳，以“闪开，让我歌唱八十年代”式的爱谁谁，在传统媒体和纸质出版已开始下滑，呈现出不同程度的后期症状的情况下，撕开了一道口子，跟着就是一通猛冲狂打，一路练到今天，这是最直觉的印象。我至今仍保留着《读库》创刊报道的报刊，犹记得其中做得最大的《南方人物周刊》那一期的封面。老六是新闻系科班出身，极擅长应对媒体，善于把一件其实并不简单的事，提炼成极简单而形象的语言，干脆利索地撂出来，有点像后来自媒体的标题党，却远比后者真诚、实在。直到现在，我闭上眼睛，脑子里仍会浮现出老六所定义的读库体及其工艺标准，如“摆事实不讲道理”；如所谓“三有三不”原则：有趣、有料、有种和不惜成本、不计篇幅、不留遗憾，等等。但到底什么是“读库体”呢？在我看来，一言以蔽之，就是读库范儿的叙事文本。当然这个叙事，绝非新闻综述，也不是流水账，而务须达到读库所要求的气味、浓度和容量。如后来常被当成摹本的东东枪写郭德纲的那组文章，三年跟踪采访，三个月的写作，最终以七十六页的硬货，兑现了老六所谓“我们要为读者在纸上留住一个纯天然、无公害的郭德纲”的技术要求。

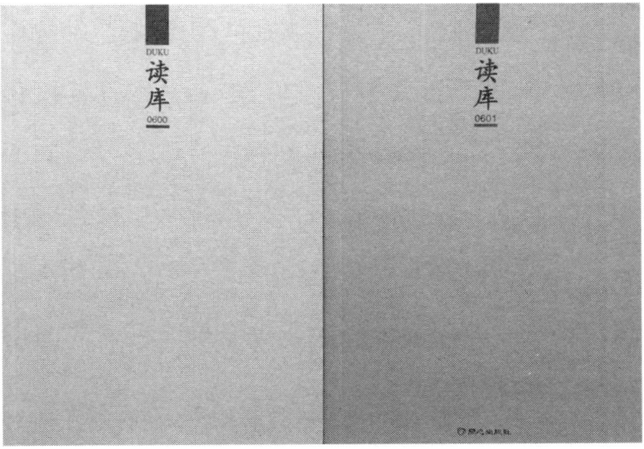

《读库》试刊号和创刊号

关于《读库》的创刊时间和创刊号问题，其实是同一个问题，可始终有两种说法：一说是《DUKU0600》号扉页上印的“2005. 11. 6”的日期，二是《DUKU0601》号扉页上的“2006. 2. 6”说，二者前后差了仨月（但必须都是“6”号！）。先说结论：在库内和亲友团层面，一般认为，2005 年 11 月 6 日付梓的《DUKU0600》是试刊，而三个月后正式出版的《DUKU0601》才是创刊号。我很迟钝，差不多读了一年之后，才逐渐摸清规律：读库每年 1 月推出的前一年度《DUKU××00》号（即“DUKU00”系列），其实是正刊之外的非卖品，基本只作为面向亲友团和老读者的福利，无偿赠送。“00”系列与正刊的装帧规格一样，有扉页和藏书票，但没有目录和版权页（唯一例外是《DUKU0600》号，有目录）①，封面和书脊上也不打出版社名，严格说来，只是印刷品。其内容多为编辑日志、编读互动、作者八卦和杂碎、插画、摄影等，有些干脆选自老六的博

① 此文在《读库 2100》发表时，读库编辑曾做过一处脚注，兹照录：此处作者记忆有误。其实“00”系列除《读库 0700》外均有目录，只是比较笼统。

客“见招拆招”。唯其那些文字多属于正刊文章在打造过程中的边角料，故更加原生态，生猛逗趣，透着真诚的焦虑。当年，我之耽读“DUKU00”系列，并不逊于正刊。随便翻开一本“00”系列，都能嗅到那种溽热潮湿的时代空气。如发表于“0700”号上的《〈读库〉前期日记》一文中，老六写道：

> （2005 年）9 月 22 日
>
> 和余世存在 MSN 上聊天，他说：我的野心是要找一帮朋友重建……价值评判系统，最重要的是要有产品，而不是只做……的二传手。
>
> 大家都想到一块去了，当然我的志向没有那么高。只是想打捞一些故事，为这个时代留下一些细节和记忆。
>
> 9 月 24 日
>
> 昨天，顺得像缎子一样滑溜……卢跃刚大叔为《出三峡记》写的序被出版社毙了，他也同意被我征用。

诸如此类的桥段，俯拾皆是。

2006 年 2 月，《读库》横空出世。毕竟是近十五年前的事了，多亏一张三联书店的出货小票，夹在创刊号中，这个泡书店时不经意的自选动作，帮我织补了千疮百孔的记忆，好歹连缀成了一块整布。3 月 14 日 11 点半，我从当时工作的位于东三环北路的发展大厦，打了一辆夏利直奔三联书店。在前网购时代，书店我常泡，但从不恋栈。目标或在心中，或记在手帐上，什么书何时到货，大致摆在哪个位置，门儿清。去了直奔主题，从新书台上成摞成山的书堆中，捋着书脊，挑选其中最完品者，然后结账，走人。当天买了两种三本书，外加一份《中华读书报》，有两本《读库》创刊号。其中的一本，随后寄给了我长年的学术合作伙伴、一位研究中国知识分子问题的日本朋友，这个习惯一直保持至今。那个时期，我午间不食。出书店门，打车，直接到凯宾斯基饭店，在大厅西侧的咖啡厅，找了一个把角的座位。凯宾就在我工作的大厦斜对过，那儿的咖啡是京城第一“高大上”，是我外企时代的隐蔽会所。一边啜着泡沫丰富、味道醇厚的现磨黑咖，一边翻阅

“0601”。牛皮纸灰色书封，楷体字书名，扉页上贴着蔡志忠绘制的藏书票，内文是略显瘦长的书宋体……无需确认，我至今仍记得创刊号上的作者和文章。除了上面提到的东东枪写郭德纲的文章之外，还有王康、余世存、高尔泰、卢跃刚、李辉、沈胜衣等，有些已成当世名文，如高尔泰先生的《谁令骑马客京华》。因为在看到书之前，已经被各路媒体的《读库》报道给炸了个溜够，满脑子净是老六的“三有三不”之类的，由不得会对着实物比照。坦白说，关于《读库》的美学印象和评价，很大程度上是后来不断惊艳和调试的结果，也有“建构”的成分。可那会儿，当我手里拿着这本毫无色彩可言、瞅着多少有些楞磕磕的三百一十七页的牛皮书，直觉是质朴豪放，不装不作，文章够硬核，一点不 cheap（“cheap”与否，是我个人一向爱用的文字评判指标）。这就够了，足以支撑我一路购读，且每期买两本的理由。

《读库》创刊时，封面和版权页上打的是同心出版社。可同心社版《读库》满打满算，只出了三期，从“0604”号起，换成了新星出版社，直到今天。而就在那短暂的同心时代，还发生了一些故事，且多少与我有关。应该是“0602”号出版后不久，我听说“0603”号上将有“重文”发表。此前，我为读库写了第一篇文章《蕗谷虹儿的抒情画时代》，照通常节奏，我估计会在“0604”号之后发表。文章需配图，我想反正还有时间，便没有马上准备。事实上，最初付梓的“0603”号上，也确实没有我的文章——可关于这点，我是后来才知道的。按说，扉页上印着“2006.6.6”的这一期（“0603”），是老六极其重视的，下一次三个“6”同时出现，要到十年以后了。但不知怎的，过了6号、16号，过了26号，却迟迟不见“0603”号上市，我本能地意识到出了问题。正在我准备给老六发邮件，想问个究竟的当儿，他的电邮却先到了，他告诉我“最近《读库》又遇到了一些麻烦，正在全力克服”，同时，让我尽快把蕗谷虹儿文的图片和图说做好，“第三期（指‘0603’号）发”。

那会儿已是7月初了。接下来，又是几轮你来我往，澄清了一些疑点。我在邮件中回复过老六最后一个编辑问题，是7月17日。大约两周后，我终于看到了“0603”的样刊，扉页上的出版日期是“2006.8.6”，比原计划整整迟了两个月。直到拿着发表我《读库》处女作的“0603”号样刊，我才大致弄明白到底发生了什么。

照老六当初的计划，“0603”号上会发表两篇文章，即我听到的所谓“重文”：《一幅油画的缘起》和一篇关于唐山大地震的文字。前者是画家李斌谈他的巨幅油画作品背后的创作秘辛，后者实际上是报告文学作家张庆洲撰写的一组文章，是对唐山大地震的追忆。后者容易理解，如按正常节奏走的话，“0603”号出版，进入主流书店，刚好是7月——唐山大地震三十周年前后；前者比较复杂，在此多说无益。广州学者、艺术评论家李公明先生称李斌的作品为“批判的历史主义绘画”，其创作主题可想而知。后来，我仔细读了李斌的文章，并花了整个下午，泡在今日美术馆，看了画家的展览，2012年，又从李公明先生处受赠了李斌的画集，总算理解并厘清了那件事的利害关系。

就结果来说，两篇文章被撤换，拙文和摄影师陈雄回忆指挥家李德伦的文章成了“备胎”。原

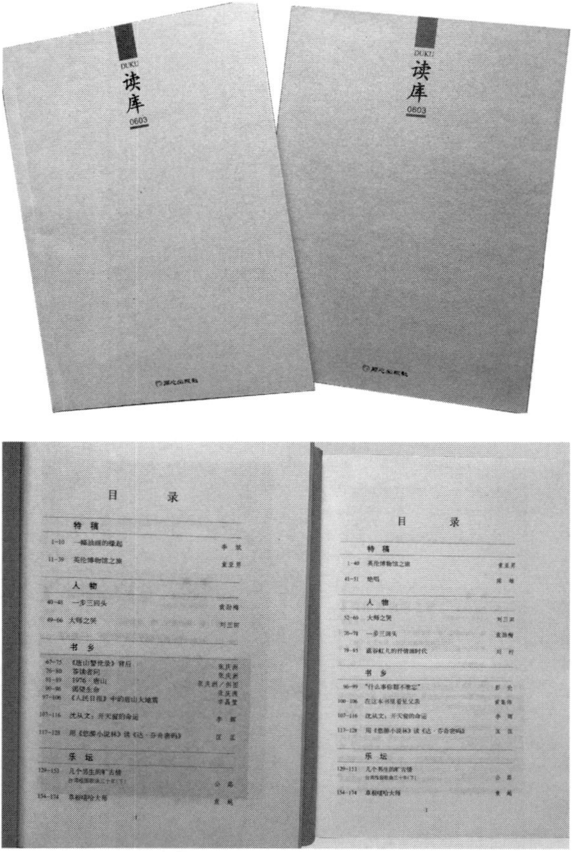

两种《DUKU0603》号及其目录

编“0603”号虽已出印厂，却没上市。最后拿出来铺货的，是推迟了两个月的新编“0603”号。当然，作为亲友团和作者的福利，我有幸受赠了原编。2014年5月，我在深圳做讲座。活动结束后，跟朋友去了位于南山区的独立书店“我们书房”。女老板王宝珍是北京人，也写书评，爱书如命，是资深库友。在店里，我一一“鉴定”了她的“库藏”，可以说，是我在除了自己书房和《读库》编辑部之外，所见过的最完整收藏，且均是完品，但唯缺两种：一是原编“0603”号，二是一种读库版“梦二本”（后面会谈到）。回北京后，我把照片发给宝珍老板，感到了从微信那端传来的羡慕嫉妒恨的表情。

后来，每当我把两本的目录摊在桌上比对，然后再翻回扉页，看到原编上，萧延中手绘藏书票的正下方，“DUKU0603”后面印着的一行数字“2006.6.6”，我仿佛听到了老六的一声叹息。就这样，老六痛失十年一遇的三“6”同现，而俺却赶上了同心版《读库》的末班车。不知是不是原编“0603”号“闯祸”的缘故，从“0604”号起，《读库》的合作出版社从同心社换到了新星社。

三

2008年秋，《新京报》书评周刊召集有关作者，在那个时代著名的小资据点、读库设计师艾莉当老板的文化书咖钱粮胡同三十二号开评书会。正经事儿说过啥全忘了，只记得我端着咖啡杯，站在窗边跟止庵老师聊竹久梦二。聊了一会儿，老六现身，照例是蓝色T恤，斜挎着书包。他先是坐在边上，跟严歌苓说了件什么事，好像与书稿有关，见他从包里掏出一叠清样似的纸，让严歌苓看，后来又请她签了几本书。然后，严作家退席，老六加入了我和止庵的闲扯。话题仍是关于竹久梦二，老六兴趣浓厚。先是问了我几个问题，我只记得其中一个与图片有关。我根据自己所掌握的情况，谈了自己的想法，老六当即向我约稿。为每期买两本的《读库》写竹久梦二，夫复何言？遂当场接招。

彼时，我刚从外企辞职，职业转型之初，精气神十足，加上竹久梦二确实是我迷恋已久、且有一定收藏与研究的大正期集大成艺术家，够熟悉，文章写得也够快，不到一个月，就拿出了一万三千字的初稿《竹久梦二：寂寞的乡愁诗人》。后检索邮件发现，我居然是在竹久梦二和我生日的那天——9 月 16 日，接到了老六的电邮回复，说“过几天，贺友直先生那本出来后，请您喝酒，捎带献上新书”，并指示“先整理图片吧”。接着，又是几轮邮件往返，关于编辑问题，关于图片，关于丰子恺等。拙文发表在“0ς02”号上，占了三十五个页码。题目改为《乡愁诗人》，文首题记，录了文中一句话：“颓废似乎是通向神的相反方向，其实是捷径。”深得吾心。

文章发表后，反响如何，我并没有问过老六。但其实，我自己是得到了一些反馈的。有段时间，在一些文人饭局上，我经常被要求讲竹久梦二。后在《读库》文的基础上，经过大幅扩写和编订，我分别在新星出版社（2010 年 5 月）、山东画报出版社（2013 年 5 月）和台湾印刻文学出版公司（2012 年 6 月），出版了三种梦二传。其中，山东画报版梦二传，著名装帧设计师王芳女士的设计好像还得了个最美图书设计奖。台湾印刻版，则被日本三大梦二美术馆之一、位于石川县金泽汤涌的竹久梦二纪念馆，作为中文世界出版的第一种梦二传记收藏，馆长太田昌子教授特意给我寄来了明信片入藏通知。后来，国中各出版机构，竞相推出梦二本，愣是催成了一波“梦二热”，而《读库》可以说是这一出版现象的幕后推手。

竹久梦二确实是对我的人生产生过深刻影响的艺术家。我在山东画报版《竹久梦二的世界》一书的跋文中，谈及生日问题，曾如此写道：“……梦二居然与我同一个生日（9 月 16 日）。这有如神助般的巧合，让我的心灵更加接近了这位东洋艺术家。我深知对处女座艺术家来说，艺术意味着什么。”

关于竹久梦二，我与读库的库事并未就此结束。但后续将涉及《读库》的下一个时期，权且先把话头带住。忘了是在什么场合，我与老六闲聊，我谈到自己关注的另一个日本艺术家藤田嗣治。藤田早年赴法留学，在巴黎的蒙帕纳斯，与毕加索、莫迪里阿尼、阿波利奈尔等艺术家穷折腾，早在“一战”前便已成名，是狭义巴黎画派中唯一的黄皮肤（亚洲人）。老六盯着我：“写！”

前两篇文字，我没让老六催过稿。大概在他的心中，我应该也被归入“靠谱”作者的序列。可藤田嗣治不一样，艺术生命太长，且风格多变。五任太太，吸猫无数。日本、法国、南美，太平洋战争时应召回东京，旋即奔赴前线，彩管报国，成为日本战争画第一人。战后受到整肃，又辗转回到巴黎，并归化法兰西，改名列奥纳多·藤田(Léonard Foujita)，皈依天主教。生命中的最后两年，虽沉疴在身，却以一己之力，承担了位于南法尼斯的一座小教堂（兰斯和平圣母礼拜堂）内全部湿壁画的创作，直至油灯燃尽。我需要充分研究，中间不止一次去东京观展、淘书、查资料。从接到任务到动笔，确实“拖拉机”了一段时间，但老六给予了最大限度的耐心。尽管我也接到过电邮和电话催稿，但基本属于“温柔的施压”，那条据说始终存在老六手机中，随时会射向作者的著名短信“再不交稿，就拿弹弓子崩你们家窗户玻璃”，终于没有射向我家。

多亏了老六的施压，2012 年 5 月初，我终于交了卷，全文五万二千字。经过个把月的编辑，《巴黎画派中的黄皮肤》全文刊发于“1203”号上，占了近九十个页码，不知道是不是《读库》创刊以来的篇幅记录。记得那一期扉页上的藏书票，是杨以磊的手绘，一头色彩斑斓的萌象。来过寒舍做客的朋友都知道，我是大象控，家中各处，栖息着近百头大象，大到十数公斤，小到拇指大，木、石、玉、金属、布艺，应有尽有。扉页下方的出版日期，印着“2012.6.6”。拿到样书后，我在心里对老六说：好吧，“0603”号让你痛失三“6”同现的机遇，这回还你一个“不着四六”——“12”相当于俩“6”。一年半之后，由山东画报出版社付梓的《藤田嗣治：巴黎画派中的黄皮肤》一书，即是在库版文的基础上，经重新编订而成。

到藤田嗣治文发表时，《读库》已今非昔比。除了双月刊的MOOK（《读库》志，简称“库志”），也开始做书（读库本，简称“库本”），还有NB（Notebook）、绘本、学童日课等产品线，读者遍撒全国。与传统的出版单位相比，读库爱办线下活动是出了名的，也有借机回馈读者的意思。老六自己就是北京文艺圈饭局名人，我也被邀请过好几次。而库友会，则是年年搞，逢六大搞。每逢有大活动，库会发出设计精湛、印制考究的请柬，名曰“饭局通知”。2011 年 11 月 5 日，是《读库》创刊六周年。我收到了两张请柬，应该都是艾莉的设计：下午的时尚廊读者现场会请柬，题图是姬熠华的画，带着读书的意趣；晚上的饭局通知，题图是多雷的《堂吉诃德》插画，七个汉子，抱着酒囊，坐地狂饮。读者会请柬上备注道：请备此帖前来。现场有礼包相赠，故提请各位最好不要携带太多随身物品；而饭局通知则曰：请各位不要开车，携带此帖以及足够的酒量和感情进入现场。

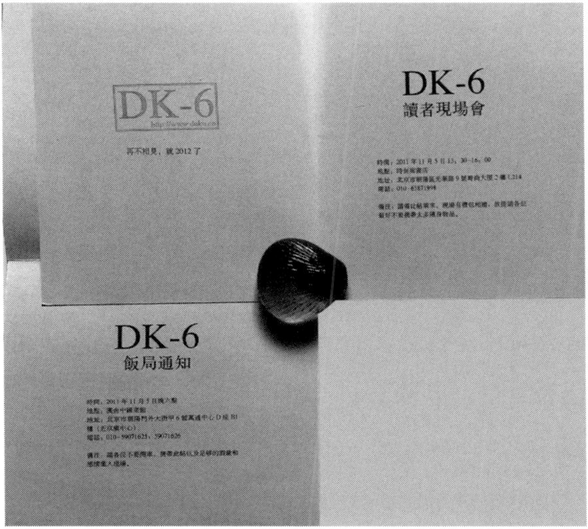

《读库》创刊六周年大轰趴请柬

晚六点，“库六”大轰趴在朝外万通中心D座的汉舍中国菜馆举行，整个大厅都坐满了，目测多一半是从时尚廊转战而来。酒过三巡，老罗（永浩）现身。当时老罗头上顶着“新东方最牛×的老师”和牛博网创业者的光环，声名如日中天。我落座的亲友团那桌，包括我自己在内，就有不少是被老罗请来的博主，老六的“见招拆招”更是名博。老罗作为德艺双馨的戏精，真是浑身的表演细胞。汉舍入口处有个下楼的台阶，楼梯通着大厅。那时的老罗比今天更富态一些，从楼梯上下来，慢悠悠地走到大厅中央，好像在寻找追光灯似的。老六迎上去，双手相握。老罗说：“两双伟大的手，终于握在了一起。”老六望着天花板道：“其中的一双手，应该会更伟大一些。”全场哄堂大笑，轰趴进入高嗨模式。我拍下了那个戏剧性的时刻：老罗面带标准的罗氏微笑，一派谦和，却不无得意；而老六一直朝上看，以至在我的数码相机取景屏上，像是在翻白眼，似乎在讽刺什么，又像自嘲。可惜我不善于管理数码文件，那张照片藏在某个收藏夹中，死活出不来了。

库后来的活动，动静越搞越大，会场也改到

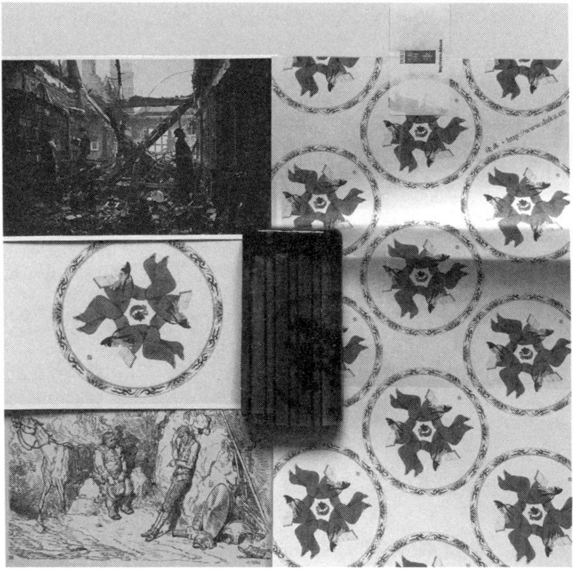

《读库》周边（明信片、包装纸）

朝阳九剧场、尤伦斯当代艺术中心（UCCA）等地界儿。老六与柴姑娘、白岩松的对谈，每次都像是一个媒体事件，但我参加的就比较少了。不过，凡我参加过的库事，大到十六开、八开的印刷品，小到一封信、一枚请柬、一张明信片，甚至连当时的包装纸，我都会悉数保留，多少年过去，皆完好如初。

尽管我知道《读库》团队已初具规模，但至

少到那个时期，老六一直是事必躬亲，负责一切：《读库》上刊发的每篇文章，必亲自编辑，给我寄书，每次都是自己写信封（到后来是快递单），寄信人地址始终是海淀区曙光花园的公寓。早年，每每收到寄自曙光花园的印刷品，我脑子里时常会浮现出他手提购物袋，在邮局柜台前，吭哧吭哧填单子的样子，同时会冒出诸如“胼手胝足”“踔厉奋发”一类大词，老六的形象瞬间就变得高大起来，要多励志有多励志。

四

日本资生堂旗下有本著名的时尚文化志《花椿》（*HANATSUBAKI*），创刊于 1924 年，说话也快成百年老店了，据说最近出了中文版。花椿的掌门人樋口昌树有句名言，曰：“有些美，只有纸张才能呈现。”虽然我跟老六并没有交流过这方面的看法，但我知道他是深谙个中三昧的。老六原本就是资深出版人，读库在经过初期的动荡和调整，顺应网络化潮流，构筑自己的网购平台，确保稳定的读者群，走上良性循环的轨道后，他内心的出版理想便开始膨胀了。也难怪，按每期二十万字的文字量来计算，一年光发表的文章就有一百二十万字，而这一百二十万字，基本上都是有一定容量的非虚构叙事文本，转化为单行本并不难，遑论压在硬盘中尚未发表或暂时无法发表的库存。守着如此富矿，不走深度开发的心思才怪。国外更是如此，如日本综合志《文艺春秋》的背后，是文艺春秋社，在"文春"上连载的虚构和非虚构作品，多数会由文艺春秋社推出单行本；同样，曾几何时的月刊《现代》和后来的非虚构 MOOK《g^2》，有讲谈社撑着；月刊《新潮45》，则有新潮社接着……MOOK 是介乎于媒体与出版之间的形态，而单行本出版则是对 MOOK 内容的深耕和完成。

我并不确切了解读库从单纯的库志时代，转型到志本并重是在哪一年。但我知道，中间曾有一个过桥，而过渡时期的过渡产品，则是 NB 和一些完美再现纸本之美的复刻本，及精印刷品。在这个过程中，老六在满足自己"印刷控"的穷奢极欲的同时，面向后来的库本时代，致力于从资源（印厂、纸张等）、技术（装帧设计），到人才（作译者）、选题的储备，既夯实了基础，扩大了粉丝层，客观上也做了不少文化抢救的工作，如对贺友直、张守义等文化职人的开发，便具有这种性质。

笔记本原本是传统得不能再传统的廉价消费品，人人在用，可没人会在意其品牌和设计。但读库整合自身的出版资源，使其创意化、品牌化，在老六粉丝和读者效应的双重加持下，一时间，DUKU-NB成了小资标配，酷娃必携。窃以为，库版NB和单向空间的单向历，将来一定会作为成功的创意案例，被写进中国设计史，成为类似日本的手帐、大学笔记本那类长销不衰的文创产品。我的竹久梦二长文在“0902”号上发表后，也出过一两种NB。我自己也是DUKU-NB的收藏者。最早的五种，均是精品中的精品，分别为吴兴文老师的《比亚兹莱的异色世界》，贺友直老先生的《纸上做戏》，张守义老先生的外国文学卷头画和插绘，及冷冰川先生的墨刻绘两种①，其中一册上

① 照录读库版编辑的脚注：此处作者记忆有误。早期的NB中，纸面《比亚兹莱的异色世界》有两版，《冷冰川》是一种。

有老六的题款签名。冷冰川 NB 两种，最能体现读库版印刷的品质，告诉你什么叫作“纤毫毕现”。直到不久前，我还下单了一种库版 NB——艾莉设计的《丰氏书影：作为书籍设计家的丰子恺》，是我研究丰氏装帧的重要资料。

千万别以为老六的创意、印刷冒险仅止于 NB，那些尚不足以满足印刷控、装帧控的贪欲。点检手头库存，可对读库本出版轨迹做一番大致的梳理，但极其粗线条，挂一漏万，充其量算是私家记忆版，权当是对未来库史研究的抛砖引玉。2010 年 11 月，读库再版了挪威漫画家奥纳夫·古尔布兰生手写手绘的图文自传《童年与故乡》。原版系德文版，1951 年，文化生活出版社曾刊行过一版，但开本略小于德文版，由吴朗西译成中文，丰子恺用他那清丽的硬笔手写体誊录。库版恢复了德文原版的版式，某种意义上，可以说是一本翻译复刻本。

同一年，读库还修复了一套民国老课本《共和国教科书》，作为“读库·老课本丛书”刊行。这套老课本实际上是民国时期的小学教材，分为初小和高小两部分，包括《新国文》（七册）、《新修身》（四册）和《教授法》（六册）。采用传统线装工艺，按类别分装在四只纸匣中，完美再现了民国范儿，既是蒙学教材，亦兼具字帖和画帖的功用，可谓一石三鸟。当时，老六曾就此选题做过一个长篇编辑报告，与读者分享了修复过程中的种种秘辛与惊险，印象中是被编入了某年的“00”号中。类似的尝试，还有库版《护生画集》。《护生画集》，是李叔同、丰子恺师徒合璧，共同打造的“生命工程”，史上曾出过N种版本，包括英文版，影响极大。读库团队以其中公认最有品的新加坡六集版为蓝本，精心复刻。诗画分六集，外加释文一册，装在一只印有莲花图案的牛皮纸匣中，美到无以复加。那套书是我自己下的单，后“忍痛”送给了长年来惠我良多的日本画家泽野公先生，得到了老先生的重谢。

更过瘾者，是几种大开本特装版库本。2011年出品的《多雷插图：堂吉诃德》，配有杨绛先生的译序和图说，简直就是一部多雷绘堂吉诃德画传，且是八开本，融纸张的质感和手感于视觉文本中，妙不可言。《佩文斋耕织图》系依母本、明治二十五年（1892）付梓的日本东阳堂石印本，原寸复刻。而原东阳堂版则依康熙内府刻本套色影印，内收康熙三十五年御制序。内页为焦秉贞所绘耕图、织图各二十三幅，共计四十六幅。每页上文下图：上文辑有雍正帝所题五言律诗和康熙帝所题七言绝句，及雍正帝和其原韵的题诗；下图中的文字则是楼璹的原诗。八开筒页线装，夹在一只硬纸夹中，再入匣，并配有一册四色套印的《〈耕织图〉流变》（张家荣著）。印刷之精湛，工艺之繁复，装帧之考究，令观者叹绝。2015 年，老六去平湖市李叔同纪念馆参观，瞻仰了弘一法师手书十六屏《佛说阿弥陀佛》，“顿生膜拜之感”。适逢浙江省文物局组织翻拍这件国家文物，经纪念馆方面斡旋，读库有幸得到了全部数据文档，并于 2015 年刊行成册。应该说，读库的确没有辜负那份佛缘，而且用诚心和出版人的专业品质，续缘并弘扬之。捧读之际，令人不禁感慨系之，深感是一桩圆满的功德。

2012 年 5 月，再得老六信：

> 去年我在绍兴，见到朋友手上有从日本购得的一个竹久梦二册页，非常喜欢，就讨

> 了过来，准备按原样复刻。经过锲而不舍的钻研，终于快付印了。

他希望我写篇小文，“方便读者理解梦二，理解这个册页”。类似的梦二本，我见过不少，也小有收藏，遂当即应下。没过几天，我便给老六交了篇短文《竹久梦二与“梦二式”美人》，然后就忙别的去了，几乎忘了那件事。过了几个月，有天收到快递，我一看那个包装风格，便知是读库的包裹。打开纸箱，再仔细拆开层层包装，居然是一个木盒，盖子上呈纵向镂刻着“晚春感伤 梦二”的字样，是我熟悉的梦二风行草。掀开盒盖，底下还有一层木板，尺寸刚好封住木盒的内框。木板上也刻着字，是楷体镂刻，上面是“刘柠藏”，下面是“读库”，均是纵排。只是在“读库”的上面，横向刻着四个英文字母“DUKU”。拿掉这层木板，下面才是那个册页，封面衬布，是那种素雅的中间和色。十六开本，像线装书帙似的，左边贴着一条蛋白色的布地，上面题着书名和梦二的名字，与外盒上镂刻的字体一样，只是多了一个梦二的圆章，是淡淡的红色。全册页应为宣

读库版竹久梦二册页《晚春感伤》(木盒套装)

纸套色印刷，色泽柔和，墨迹清晰，虚实有致，绝妙地呈现了梦二特有的绢本着色的美感，足堪乱真肉笔。木盒里面，还附有小册页一叠，开本比日版文库本略大些。封面绘是梦二的“黑船屋”，左侧印着拙文的标题，算是书名；内页也是连张折叠式，全拉开足有一米长，均为双面印刷，采用繁体字；封底绘是梦二的“雪夜之传说”。拙文后边，是梦二的几幅纸本、绢本着色的代表作。背面从左至右，是两篇文章：册页的主人、绍兴从阳先生的《得梦二记》，介绍了他对梦二绘画及日本艺术品的关注，谈了册页的由来，算是缘起；

张立宪（老六）的《复刻记》，则扼要记述了制作过程中的种种细节，权当是跋了。读了跋文，我才知道，为追求“与原册页相仿佛”的效果，“内文纸为徽产三层熟宣”，为此只能在富于宣纸印刷经验的江苏金坛古籍印刷厂印制；册页封面封底的装饰布料，经友人多方打探、试错，终于“在辽宁丹东找到了基本接近原样的野蚕丝布”……后来，我不止一次想到，真的只有印刷控、职人和不计成本的幻想型出版家，才能成就此等纸上的幻戏、造物的极致。上文中提到2014年，我从深圳回京后，把《晚春感伤》并那本传说中的原编《DUKU0603》，拍发给了“我们书房”的宝珍老板。她果然被惊到，而我呢，自然小得意了一把。

就我个人的观察，如果说，在早期库志时代和志本并重的过渡期，读库推出的一系列特装本，多少还带有某种印刷控的实验性，或者说幻想型出版家的任性色彩，那么在成立十年前后，读库则走上了一条扎实稳健的发展道路。从“1601”号起，《读库》改版，开本变小，用轻型纸，但页数增加，总容量应该无甚变化。关于改版问题，在库友中间似乎有争议，我个人是肯定派，对每个年度的色彩变化，包括封面刊名和期号的起鼓印刷等，这些变化元素的导入，我觉得都蛮好。喜欢的人，会越来越喜欢；而开始不习惯者，也会逐渐习惯起来，只要《读库》还是那个《读库》。而改版前后推出的库本，选题更富于公共性，更接地气，版式也更舒适，对图片版权处理更加规范，特别是开本，沉淀为几种主流形态，已基本定型化，甚至不无引领潮流、成为新标准的态势。总之在业界，对库本认知度越来越高，是一个不争的事实。

五

说到库本的几种主流开本，当首推标准三十二开的圆脊精装函套系列。据我所知，这个书型标准的确立和定型，也经历了一番磨合。早期的一本，是《钓客清话》。这本出自十七世纪英国传记作家艾萨克·沃尔顿之手、欧陆史上著名的“闲书”，被称为垂钓者的“圣经”，风行三个世纪而不衰。不仅内容本身逸趣横生，铜板插绘也超有名。缪哲先生精妙的迻译，更被认为是“译者必读”。诸如“宁作个有礼、有节、有度的穷钓手，也不做浑浑噩噩的醉君王”等金句，不胜枚举。2014 年 4 月，读库曾出过一版特装本。所谓特装，确切地说，是“遵译者嘱，依平装版书芯，制作了二百本精装版。缪哲先生又延请画家明瓒先生以鱼钓为题材做版画，得一百五十幅原图，附于精装版的扉页”，实际上是用带版号的版画原作充当藏书票的豪华本。这本书从开本版式到装帧设计，我都很喜欢。特别是函套，做工精细，且颇人性化，在书脊侧，开有一个自然弧度，便于把书从函套中抽出。夹在扉页的一张卡片上，印着“依版画编号，本书为 105 号，由刘柠收藏”，不仅相当拉风，其版本价值亦自不待言。美中不足的是，作为读库本的初期产品，印装工艺似乎存在一些瑕疵：我这本因精装布套脱胶，带动前环衬页和扉一到扉三页，及后环衬页到版权页，与书脊分离而“遗世独立”。也许是个别问题，却就此坐下心病，乃至数度动念把书带到东京，想花钱请东瀛业者修复。

但瑕不掩瑜。这个版型和开本，显然获得了读者的广泛认可，类似开本的小伙伴渐增。继与《钓客清话》同年付梓的果尔达·梅厄夫人自传《我的一生》之后，眼瞅着，就成了库本国的“华丽家族”，且精装工艺进一步提升，从在函套上印刷书名和Logo，到书与函套之间空隙的公差管理，直到内置式书签丝带及夹在书中的纸书签等细节，都相当到位，目测已接近或达到出版先进国的制作水准。

除了精装华丽家族，库本文库最是贴心可人。如套用出版开本的东洋标准的话，库本小开本介乎于“新书”与“文库”之间，且规格尚待统一，既有从日本原装引进的标准文库，如MUJI文库系列，亦有基本接近新书规格者，如王南的“建筑史诗”系列，如《茶书》和新近引进的法国学者阿尔贝·雅卡尔的几种著作，及话题之作“医学大神”系列等。但更多被称为“文库”的库本，其实是读库自创的小开规格，如《教养之托付：日本文库本溯源》《嵇康之死》《乌托邦年代》，如项美丽的小书三种（《潘先生》《香港假日》和《吉尔小姐》）、《侘寂》《摄影师手册》，及今年6月，在南通仓库开业典礼上，赠给每位嘉宾的《以纸为桥：日本制纸石卷工厂灾后复生记》，等等，均可归入此类。一个总的感觉，是小开库本方兴未艾，势头正猛，大有蔚然成林之势。我等库友乐见其成，且入且读之。

六

蓦然回首，《读库》百期，近十五载。如今两茬库娃遍布国中，机场、地铁，动辄遭遇库志库本，本土书业和小资读者已殊难想象没库的日子。我本人虽不能说是读库发展的全程见证者，但从最初的同心版，到后来的新星版，从纯库志期到志本并重的今天，可以说每个时期，都与读库发生过物理硬链接，且与自身职业转型的轨迹大致重合，真有某种置身于文化共同体的归属感，荣莫大焉。一日为读库写作，终身享作者待遇，不但有稿费可拿，隔三差五，还能蹭库本福利，天下还有比这更爽的事儿么？

（发表于《上海书评》2020 年 9 月 19 日，入选《2020 年中国随笔年选》，转载于《读库 2100》）

我的书天堂

——那些逝去的好书店

如果说，鲁迅话语中的“失掉的好地狱”，表达了一种对虚无主义哲学的反讽——根本就无所谓“好地狱”，更无所谓“失掉”——的话，那么“逝去的好天堂”，大约还是有的。天堂者，因人而异，从梦中归省的故土，到逝去的亲人、爱情，一套得而复失的豪宅，不一而足。而对我来说，天堂是那些不再的好书店。

把书店比作天堂者，从来就有，近如台湾作家钟芳玲的《书天堂》。博尔赫斯说，“如果有天堂，天堂应该是图书馆的模样”，也庶几接近书店的类比。日本甚至有一部文艺片，片名就叫《天国的书店》。[1] 凡此种种，以至于在今天看来，天

① 『天国の本屋～恋火』，松久淳、田中涉原作，筱原折雄导演，竹内结子、玉山铁二主演，松竹制片 2004 年出品。

堂的比喻多少有那么一点陈词滥调的意味。可没法子，我确实找不出比天堂更合适的说法了。

在小资的心目中，书咖啡（Book Café）或许是与天堂想象更接近的所在，这我也同意。国外的不说，北京的老书虫、库布里克，就近乎这等存在，遑论成府路改造前，由台湾电影青年创业、与老万圣比邻而居的雕刻时光老店。但书咖的核心元素，还是书。离了书，便无异于星巴克了。所以，真正的天堂，还得是书店。弥尔顿说："唯一真实的乐园是失去的乐园。"从这个意义上说，尚未失去的天堂，还不是真天堂。以如此苛刻的标准衡量下来，能称得上天堂的书店，怕也所剩无几了。

北京虽然拥有全国最多的书店，但倘以"天堂观"评价的话，合乎标准者确乎不算多。上世纪九十年代末期，到二十一世纪之初，北京高档购物中心屈指可数，燕莎商城是其中之翘楚，没有之一。但请君莫误会——购物中心既与我无关，亦非本文的主旨，我说的是书店。是的，燕莎商城的卖场从一层到五层，内部办公区在六层，而办公区的旁边，有过一家书店。没有店幌，我称之为燕莎书店。卖场不算大，但也不小，总有四五百平米的样子。书架是实木打制，很凿实的感觉，码垛也很专业。这家书店里杂七杂八的书其实并不少，我也买过一些。但对我个人的意义，基本只限于一点：这是一家艺术书店，且货色以进口原版图书、画册为主。在那个时代，可是稀缺资源。

几年下来，我应该在那里买过不下万元的书，大多是外版画册、摄影集和艺术理论书籍。如科隆路德维希博物馆（Museum Ludwig Cologne）藏二十世纪摄影作品，美国著名摄影博物馆乔治·伊斯曼之家（George Eastman House）所藏摄影集，均为德国塔申（TASCHEN）社出版的英文版摄影集，前者出版于1996年，后者出版于1999年。两种摄影集同样开本（大三十二开），厚度均在七八百页，应是一套丛书，分别按各自的线索和体例，网罗了从摄影术发明至二十世纪末、留名摄影史的绝大部分作品（当然主要是西方的）。如乔治·伊斯曼之家那本中，甚至收录了当时作为美联社摄影记者的刘香成于八十年代末拍摄的北京街头的照片。

另一本塔申版（2005年）的艺术书是厚达五百七十五页的人体摄影集1000 *Nudes—A History of Erotic Photography from* 1839—1939。唯其以“Erotic”（情色）为编辑定位，才不失为一部妙书，你懂的。可惜全书除了序言是英文，正文中的说明文字统统是法文。有时为检索一幅作品的资料，不通法文的笔者几欲挠墙。

德国Könemann社1999年出版的名人肖像摄影集*PORTRAITS*，八开，四百一十六页，收录各国名人黑白肖像摄影共二百帧，一律按左页生平、右页肖像的体例编排，书后附有全部人名的资料检索，按英文字母排序。这本书对我的意义之大，无论怎么说都不过分。许多历史人物，我是先读其文（传记、著作或画作），后睹其人（容）的，如墨西哥女艺术家弗里达·卡洛（Frida Kahlo），如太平洋战争中，日本对美战略放送的英文女播音员、被称为“东京玫瑰”（Tokyo Rose）的户栗郁子等。而且，这本图册所选择的肖像，颇具匠心，很多并不是常见诸大众媒体的图片，有些作品颇另类，如玛丽莲·梦露、麦当娜、裕仁、戈尔巴乔夫等，都是我此前从未见过的摄影。更何况，那肖像摄影不是一般的大，清一色A3尺幅！有多过瘾，可想而知。这本书连样品带库存，仅有两本，都被我拿下，其中一本作为视觉资料，转卖给了我当时写艺术评论专栏的《视觉21》杂志编辑部，书价我现在都记得清清楚楚：三百三十元（应该是打了八或八五折后的价格）。唯一的“美中不足”，仍然是——法语版。

作为燕莎商城里的书店，购物环境之温馨自不在话下。可仅此一点，并不符合我对天堂的全部想象。对我来说，每次抱着心爱的图册出来，乘直梯下到一层，再轻车熟路地穿过淑女首饰、箱包的卖场，从商城后门进入凯宾斯基饭店，径直走到大堂西侧的咖啡酒廊，点一杯现磨经典黑咖，然后边受用芳醇的咖啡泡沫，边摩挲那些外版图册，才是天堂时光。上班的地方，就在马路斜对过的写字楼里，我基本不必在意时间。乃至多年后的今天，我对那些图册的记忆，总伴随着凯宾斯基咖啡的香味，不知道这算不算是“通感”？

因工作关系，我一度净往上海、长沙和沈阳跑。尤其是长沙，飞了即使没一百五十次，总有百来次。到上海，自然不能不去季风书店。陕西南路地铁站内的总店，没少去，也没少买。不过我知道，那里几乎所有的书，北京的万圣书园都有，但该买还是得买，权当对独立书店的支持。彼时，静安广场附近有一家季风分店，叫季风艺术书店。店堂不大，但有两层，靠近收银台的地方，螺旋形的楼梯通向楼上。我至今记得店里的地面是深褐色实木地板，跟寒舍的差不多。午后三时左右过去，从二楼窗户射进来的阳光，打在地板上，人走在上面，吱呀作响，脚感很舒服。也许就因为环境过于治愈，多年后，对买过哪些书，竟淡忘了，只记得买过一本顾铮的《人体摄影 150 年》和几种《艺术世界》杂志的过刊。我那时正为《艺术世界》写现代艺术专栏，突然发现那么多过刊，且几乎是全新的，煞是亢奋。

我在上海买书，无论是陕西南路的季风总店，还是静安寺的艺术分店，亦或是福州路上的老书肆，一般不会太恋栈。敛了书，乘出租车去绍兴路尔冬强开的书咖啡“汉源书店”，或直奔衡山路，坐在“时光倒流”或“1931”靠窗的座位上，一杯热咖在手，把刚买的新书一一摊在桌上，摩巡一过，才感觉程序接近完成。是的，必须是绍兴路或衡山路，而不是后来名声在外、美轮美奂的小资圣地新天地。

我去长沙的次数既多，跨度也长，从九十年代中期起，到2005年前后，亲眼见证了这个中南部省会城市在开发狂潮中的变容。我一般住在市中心的华天大酒店。记得早年，酒店对面的报亭，报刊种类明显比北京少，每周四出版的《南方周末》总要到周五傍晚才能见到。我那时也是南方系的写手，为确认自己文章发表的情况，被“减肥”了多少，常常多付出一天的等待，内心有种焦虑感。出酒店往东不出两百米，是一条屠宰街，鸡鸭猪狗，当场宰杀，满街腥秽，一地鸡毛的感觉。但不知何时道路竟拓宽了，商铺栉比，绿地环绕，街树整饬，仿佛是一夜间的豹变。能读到当天发行的《南周》、大道通衢固然好，可想到随“鸡零狗碎”一起消失的，还有独立书店，这代价就未免令人扼腕了。

在五一路与韶山北路交叉口的西南角，过去曾有一家“世界名著书店”。听这赤裸裸的文青范儿店名，想必就能预知其命运。果不其然，七八年前，当我再次乘出租车打那儿经过，正准备下车时，突然发现店面似乎豁亮了不少。细看之下，原先宋体字的店幌改成了中移动门市部的蓝色招牌。当然这也没啥可感伤的，毕竟我已经过了大量阅读文学名著的时期。但我很怀念里面一位端庄挺秀的中年女店员，操一口湘人少有的标准普通话。我在那儿买得最多的，是人文社精装系列“世界文学名著文库”中的补缺，记得有阿·托尔斯泰的《苦难历程》和丰子恺译《源氏物语》等。现在补缺，只需登录网店，轻点滑鼠，唾手可得。但那会儿，除了在同类书店中留心踅摸，还真没别的法子。而有些多年前的旧版书，京城书店早已脱销，外埠的书店却往往有批量库存——这也算是个人微不足道的扫书经验谈吧。

与世界名著书店大调角，往南直行三四站地的人民中路上，有个长沙电影城。电影城的旁边，有一家“艺术书店”。我没确认过，但从进书的品位来看，八成与艺术家兼出版人陈侗有关。那家店我先后去过五六次，但购书其实有限。记得的只有几种现代艺术理论书籍，如《现代美术历程100问》（王林主编，四川美术出版社2000年7月版)、《阵中叫阵》(李小山著，江苏美术出版社2001年8月版)、《国际当代艺术家访谈录》(常宁生主编，江苏美术出版社2002年10月版)等。

长沙的书店中，我顶熟悉的，要算是位于解放西路的定王台图书批发城，离我住的华天大酒店只一箭之遥。按说图批市场之类，我应该没什么兴趣。长居北京，号称全国第一的甜水园书城，我只去过一次，还是顺道探访。但不知为什么，对定王台书城却情有独钟，先后去了总不下四五十次吧。既是批发市场，里面有相关出版社的展位，有的是正经的店中店，有的则是几个柜台，但京、沪、宁的主流出版社均设有营销点。我常逛的有三联、商务、东方、江苏人民、岳麓、湖(南)美(术)等几家。因是常客，且每每"大宗认购"，遂与一些出版社的摊主混成了熟脸。对看上的书，我只要说个价，他们一般不大还价。当然，前提是自个也要相对了解书业行情，同时给店主留出合理的利润空间。

说到我在定王台的斩获，当首推两套大书：一是浙江摄影出版社推出的"摄影家"(*PHOTOGRAPHERS*)系列。这套由台湾摄影

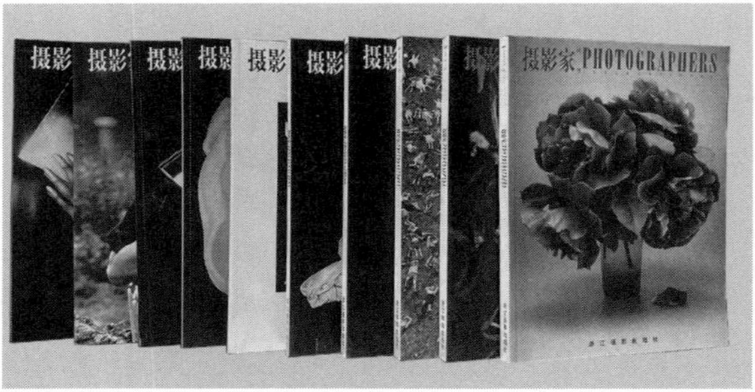

由台湾摄影家阮义忠策划、引进海外版权的《摄影家》译丛，是一个野心勃勃的出版项目，但只出了一辑（10 册），便无疾而终

家阮义忠先生策划、直接引进台版的摄影集丛，原计划出五十八辑，是一个野心勃勃的艺术出版工程。可最后只出了十辑，便戛然而止。从 1999 年 4 月到 2002 年 4 月，历时三年。每辑一百四十页，只印一千五百册，定价一百三十五元。全铜版纸精印的海外版权摄影集丛，如此规模，品质如此齐整，在那之前和之后，均未得见，其价值是不言而喻的。至今犹记得我把十辑“摄影家”精心包装后，放在公文箱里，不付托运，亲自背回家时的满足感。除此之外，还有翌日始发作，持续一周之久的背痛。二是中国大百科版《不列颠百科全书》（国际中文版），真皮面精装，二十卷，定价二千二百元（1999 年 4 月第 1 版，2000

年1月第3刷）。这套直接让老板托运至北京西站，然后安排家人去提的货。

当时未必有感觉，但回过头来看，不得不承认，九十年代末到二十一世纪初年，确实堪称中国出版的黄金时代，社会环境相对宽松。岳麓书店、湖美等地方出版社势头正猛，好书目不暇给。那时资讯不如现在发达，有些书在北京的坊间错过了，到定王台一看，却安静地躺在某出版社店中店的书台上，得来全不费工夫（如湖美版温普林的《江湖飘》，好像只出了上卷；如岳麓版唐德刚的《晚清七十年》《蒋廷黻回忆录》等）。值得一提的，是定王台书城的边上，有家名曰“弘道”的独立书店。每次拎着大包小包，从书城出来，总不忘顺道进去转一圈。书店很小，进门三面墙是书架，中间一爿书台，却有很多如《书屋》《东方》《方法》等在知识界颇有人气的文化、学术刊物的过刊。记得我就是在那儿，配齐了《书屋》杂志从创刊号到早年缺省的全部旧刊。

对沈阳的书店，其实我并不很了解，也没有太大的兴趣。但我频密赴沈的时期，刚好与出版家俞晓群主政辽宁教育出版社的时期重合，沈昌文、俞晓群、陆灏联手打造的辽版书小资味儿十足，风靡全国。我到沈阳多住在香格里拉商贸酒店，从酒店过马路往南走不远的巷子里，就是辽教社的读者服务部。自从发现了那爿小店之后，我的行李便陡然增重。那几年，从《古希腊风化史》《古罗马风化史》（均为辽教社 2000 年 10 月版），到《中国人留学日本百年史》（上下卷，辽教社 1997 年 9 月版，仅印一千套），到“新世纪万有文库”，究竟买了多少种，连我自己都忘了。记得有一种《万象译事》（第一卷），装帧品质颇典雅，很有张爱玲范儿。从内容上看，应该是翻译文丛类的 MOOK，译者有殷海光、资中筠、董乐山、施康强等，均为译界大腕。惜乎只出了一辑，便再无下文了。想来那会儿的出版家们，诸如此类的烂尾事业，可也真没少练，但也怪不得他们。

时光倏忽，一晃小二十年过去了。过去因工作关系，隔三差五飞来飞去，直飞到反胃的外埠城市，如今都成了渐行渐远、温暖醇美的回甘。正如我已不复是昨日之我，那些城市的变貌也早已溢出我的想象。是耶非耶，这就是现实，只能接受。可唯一恒久不变、甘美如初的，是关于书天堂的记忆。它们在我心中早已定格，是代表那个城市的 Logo。当然，还有我那已逝的青春。

（发表于《上海书评》2014 年 6 月 15 日）

旧书店里的民国范儿

大约是1997年初冬，一个周日的中午，我和大学同学T君骑车去旧书店扫街。为什么说“扫街”呢？因为那时节，我们去旧书店淘书是一正事儿，一去至少半天，一般会预先设计好路线图，扫上几家店。我们约好在新街口中国书店见面，然后从那儿去了琉璃厂。逛完琉璃厂，又去了东单。

当时东单北大街西侧，青年艺术剧院的边上，有一家中国书店，但也卖新书，气质比较文艺，书品也正。寒舍颇有几种好书出自那家店，如日文版内山完造的《中国人的生活风景：内山完造漫语》（东方书店，1979年初版）：扉页上钤有“人民美术出版社藏书”印，扉衬页上则是版画家、东京内山书店老板内山嘉吉先生的题款“人民美术出版社惠存”，署名是“完造末弟内山嘉吉”。

记得那天到东单时已经快下午四点了。日头西斜，但如果不是在胡同口，被临街的建筑物遮挡，基本觉不出阳光的温暖，加上白天一直在吹的小风变成了阵阵劲风，人早就手脚冰凉。于是，我们飞快地钻进东单中国书店，直上了二楼卖场。我依稀记得那家店一楼净是些教材辞典，乏善可陈，“硬货”都在二楼。有一大开本新书，放在带玻璃门的书柜中，煞是扎眼，书名是繁体字：《民国艺术：市民与商业化的时代》。我让店员从柜子里拿出来，捧在手中翻阅。书是硬壳精装本，封面是梅兰芳在《御碑亭》中饰演的孟月华，潘玉良的油画和广告招贴画的组合；封底上端是电影明星袁美云的剧照，玉手持花，笑容暧昧，下端是张大千所绘时装艳妇，脸庞像是从敦煌壁画里走下来的唐朝美女，而肢体和 Pose 则透着好莱坞范儿，大胆风骚。扉页、扉衬和封底衬页是民国蓝，环衬图案是《点石斋画报》中的一页，描绘了清末戏园演出京剧时的盛况。全书一百七十七页，铜版纸彩印，在那个时代，堪称奢侈。更主要的是，在经过陈丹青等人鼓吹，所谓“民国范儿”在媒体上定型之前，对我个人来说，那才真正是一本劲道十足的“民国范儿”读本，而且是民国文艺范儿。其中多数内容，即使在今天来看，也仍未过时。我在书柜前至少摩挲磨唧了一刻钟之久，女店员一直在警惕地盯着我。但二百一十元的标价，到底还是让我把书放回了柜子。然后，走到旧书区，敛了两本不打紧的书。时隔二十多

《民国艺术：市民与商业化的时代》，马未都等策划，国际文化出版公司，1995 年 7 月初版

年，我已全然记不得那天买了哪些书。

出了东单店，通常会顺道去北边约一站地的灯市口中国书店和再往北约两站地的隆福寺中国书店，最后再踅进北新桥的人民文学出版社读者服务部，就算齐活了。但那天，因跟朋友在一起，而且是我动议的，便想扫完街后，请哥们儿小酌。于是，出了东单店，我们没再进别的书店，想径直去朝内小街找个小馆子打牙祭。但在路上，边骑车边有一搭没一搭地聊着天，我有些心不在焉，脑子里总在闪回刚才那本图册。到了东四十字路口，遇红灯。我单脚踩地，另一只脚蹬在脚踏板上，听朋友闲扯。绿灯一亮，T刚要蹬车，被我拽住车把："哥们儿，我还是得回去一趟，把那本书拿下。要不你先回吧，咱们改天再喝。"说罢，并不等对方反应，我穿过马路，掉头往回猛骑。到了东单店，一步俩台阶，直奔二楼新书区的书柜前，让服务员拿书，开票，交钱，走人。后来，关于民国文化的书坊间真没少出，可就因为有过这个插曲，我独钟这本《民国艺术》。

客观地说，书本身其实并没有那么重要，但这个桥段我却总也忘不了。我喜欢的日本作家、书志学者鹿岛茂有本书，书名叫《古书比孩子还金贵》（『子供より古書が大事と思いたい』）。冯至在早年的作品《桥》中写道："我不能空空地怅望着彼岸的奇彩/度过这样长、这样长久的一生。"我当然知道那是一首情诗，但随着马齿徒增，有时竟会觉得它是一首恋书的诗。活到这把年纪，不会再惆怅"这样长、这样长久的一生"，反而平添了一种譬如朝露、倏忽即逝的宿命感、无常感。但唯其如此，亲近美本的冲动，才变得更加纯粹，更加忘我，也更加所向无敌了。反正从那以后，凡惦记的书，只要品相够完美，我基本都会设法拿下。伴随着祖国经济起飞过程中持续的"货币宽松"，甭说是二百一十元的书了，后来比这贵五倍十倍，甚至是二十倍的书，也照收不误，爱谁谁了。好在志在必收的目标是越来越少了。有时，深夜在书房自酌、码字，举目四望，竟会有种"内无怨女，外无旷夫"式的小小自得。

读书人与珍本美本的邂逅，是在书店这个特定的场域（就一般传统案例而言，不包括现在的网店和书商运营的读书人微信群）中的因缘际会，本身就是小概率事件。而一旦邂逅，又受制于定价合理与否和读书人的荷包、收藏条件等因素，“结缘”的概率更打了折扣。说起来，其实并不比一次约会导致儿孙满堂的几率大多少，用日文禅语的“一期一会”来形容怕不为过。否则的话，大藏书家岂不多如过江之鲫？

（文摘自《人间事，唯春光、美本和艺展不可负》一文，原文发表于“腾讯·大家”2019 年 4 月 6 日）

古今胸罩犹在，而季风已逝

作为“帝都”人，我对“魔都”的了解，是熟悉的地方熟得一塌糊涂，不熟的地方则全然不知。茂名南路、陕西南路一带，是我熟悉的地界，因而成了我在魔都的据点之一。

我一生都忘不了茂名南路与淮海路交叉路口的街景，那简直就是徐訏和张爱玲小说中的画面：西南角是永新百货，旁边是巴黎春天。巴黎春天的下面，有一间星巴克，也是我眺望淮海路风景的“取景器”之一。东南角是古今胸罩店，跨过淮海路，东侧是国泰电影院，旁边是一爿旧货店，我在那儿买过不止一只老上海机械腕表。马路对过儿，就是陕西南路地铁站。地铁站的旁边，是百盛，百盛和地铁站之间，是一间哈根达斯店。我没那么喜欢冰激凌，但那儿有露天的座椅，可以看书，也可以发呆。夏天的晚上，拿本书歪在椅子里，视点变低。偶一抬头，十米开外的步道上，一准会见连衣裙下修长白皙的小腿往来穿梭，令人神往。

九十年代末到二十一世纪之初，我常去上海出差，一般会选择住在老锦江饭店。老锦江够老，其洋范儿和有品，不仅仅是红砖建筑的外观和内部装饰所透露的底蕴，更是写在泛黄的书页上和人们口耳相传的野史。我听过最多的传闻，无非是某已故大人物来上海时的下榻之地，不过我完全不关心那个人的行踪。彼时，我住酒店有个习惯，会从客房的服务手册中，把酒店的明信片和城市地图取走。为写这篇文字，我特意确认了一下自己的收藏，只找到九枚老锦江明信片，但我肯定住过不止九次，可能两倍都打不住。

那时，我还没到迷恋散步的年纪，也基本没有散步的习惯。可不知为什么，住老锦江的话，散步就成了乐此不疲的日课。我喜欢在北楼十一层的老上海餐厅吃饭，那儿的菜单我几乎可倒背。那个时代，上海的星巴克还不多，餐后如果想喝咖啡，我会走出酒店西门，再沿着马路走到北头

老锦江饭店洋范儿而有品

的兰心大剧院，然后过马路，去花园饭店。花园饭店的前身是法国俱乐部，八十年代末改建为酒店，由日本著名的酒店企业大仓（Okura）集团经营，融和洋为一体，设施高级舒适，是少有的拥有空阔前庭和散步道的酒店，但我好像从未享受过闲庭信步。一般我会直奔位于大厅深处右侧的酒廊，在那里享受一杯经典咖啡。那儿的咖啡真是好，却并不很贵，咖啡杯碟是洛可可风的西洋瓷，金属茶匙精致且有重量感。

一天晚上，我在那儿边看书边等一位编辑朋友，边上一圈沙发的区域坐了一群日本人。座位很近，加上他们聊天好像并不回避别人，于是每一句话都落进了我的耳中。开始我并未注意，但“歌舞伎”“女形”“京剧”和“外交”“中日关系”等日语词频密地刺激着耳膜，我便侧耳倾听了一会儿，知道是在谈论一场戏曲演出。接着，背对着我、但坐得离我最近的西装男，又问坐在对面的男士一个什么问题，我听到了“Bandou 先生”的称呼。我起初以为自己听错了，便侧过脸用余光扫了一眼，见两位西装男和两位穿西装套裙的OL 风年轻女子围着一位身穿唐服的中年男子，那人身材消瘦，但腰背挺直，眼睛特明亮，始终面带微笑，偶尔回应一两句，但声音很低，我几乎听不到。果不其然，那人就是日本歌舞伎名角坂东玉三郎。

我这才想起，坂东来上海，与苏州昆剧院合作演出《牡丹亭》的报道，上了前一天的《南方周末》。我还知道，在上海连演三场，最后一场——也就是我邂逅坂东的那天——是日本驻上海总领馆的招待谢幕演出。如此说来，一行人显然是陪同刚在对面兰心大剧院演出后的坂东在这儿喝酒聊天。而坐在我身后西装革履、身材微胖的男子，则是日本驻上海的总领事。我的包里刚好有一台数码相机，傻瓜袖珍型，遂若无其事地做了一把狗仔——一帧因关掉闪光灯，且匆匆对焦而略显模糊的 Snap，日后竟成了我的一本书中，评论坂东玉三郎文字的插图。

应该说，与季风书店的邂逅，也是拜那一带的风水之所赐，直接说来，是散步的礼物。大约是 1998 年，夏天的一个傍晚，我从上了一整天班的瑞金大厦出来，想溜达回老锦江。那条路也是我的散步道之一，以淮海路为界，南北各有一站

我一生都忘不了茂名南路与淮海路交叉路口的街景，那简直就是徐訏与张爱玲小说中的画面

地的样子，走在法国梧桐的浓荫下，人会变得很松弛。走出瑞金大厦的时候，虽然天很阴，却也没觉得会下雨。可快到淮海路与茂名南路交叉口的当儿，竟然下起雷阵雨来。我没带雨伞，便紧跑几步，钻进了国泰电影院对过的陕西南路地铁站。其实在那个时代，我是不乘地铁的，即使在北京也不坐，但我听说上海地铁刚开通没几年，我就职的公司曾参与过地铁项目的竞争，车辆和技术都比北京先进得多。而且，雨下得正猛，地铁站口避雨的人很多，遂动念下去看一看。就这样，偶然闯进了季风书店。

在北京，我是万圣、风入松、国林风等民营书店的常客，可印象中上海并没什么好书店。我也曾转过福州路一带的书店，但觉得气场不合，便不再去了。随后几年，索性放弃了在上海逛书店，而专注于饕餮，喝酒，泡咖啡馆。黄河路上的本帮菜馆和古北区的日料店、衡山路的酒吧（“1931”“时光倒流”等）及绍兴路的咖啡（“汉源书店”等），成了我的“应许之地”，倒也没觉得缺了什么。但与季风的“遭遇”，确实令我有种“初见爱已晚”的感觉。

作为充分见识过两个“帝都”（北京和东京）人文书店气场的主儿，我自诩有种辨识书店品位的特异功能。如位于北京国贸三期的新加坡连锁 Page One 书店，刚开业时，我曾得到过一张七折 VIP 卡。但去了一次，直觉不是自己喜欢的人文系，便未再去，书卡也一并送了人。而季风，从店名到书到咖啡到音乐，无一不治愈，我是照单全收地喜欢。因外面在下雨，书店里人很多，显然并不全是书客。进门是咖啡空间，有桌椅和台灯，音乐的调子有点醉了，很像万圣老店的咖啡厅。穿过咖啡空间，后面才是书店。我四处一转，立马有种“来对了”的第六感：

从新书台的品种、码垛，到图书分类，我知道自己又开拓了一家新的人文书店，且自带一种波西米亚气质，文艺得要死。毕竟是近二十年前的勾当了，我已然忘记从季风买过哪些书。记忆犹新的感觉有两点：一是与北京的万圣等人文书店很互补，那边厢售罄的书，这边厢还在卖。某种意义上，也代表了京沪的文化差异？如此，刚好补缺（那个时代，尚无网店，补缺只能分跑各家，人肉补）；二是杂志很全，《读书》《天涯》

《万象》《书屋》《东方》等，基本上主流的学术文化刊物，一网打尽。记得收款台旁边，还有两份报纸，《中华读书报》和另一份我当时正在写专栏的读书报，也令我的虚荣心小小满足了一把。

不过，坦率地说，我在季风所买的书，几乎都能在北京找到。但书店是人与书邂逅、约会的场所，书客在哪儿遭遇什么书，确乎有种神秘的命定色彩。对此，只能接受——结账，精心包装，然后携回。几年中，我从季风买的书，也真不少。记得有一次，我需从上海赴广州，实在没法携大量的书移动，便委托老锦江的大堂打包、付邮，直接寄回北京的办公室。

后来，我参与了《独立阅读》的编辑和写作。这是一个与读书有关的佛系同人社群，除了几位客居海外的朋友，绝大部分成员来自北京和上海。而上海的成员，竟然都与季风有关，有的朋友，甚至就是季风老板严搏非先生运营的学术出版公司“三辉”的编辑。从此，我自觉与季风的缘分又深了一层。2006 年夏天，《独立阅读》在上海举办沙龙活动，我和另一位北京的成员苏小和应邀“坐台”。活动是在周六和周日举办。当时，季风还有一家华师大分店。记得小和好像是周日，在华师大店讲中国近代企业家的官商传统，而我则自选周六，于陕西南路店的咖啡空间，做了一场关于日本新闻出版的讲座——是的，必须是陕西南路店的咖啡，这个我与季风初见的场所。

其实，季风还曾有过一家分号——静安寺分店。但不知为什么，在我过眼的诸多季风回忆文字中，竟少有提及。那家店，是我偶然在静安广场一带的真锅咖啡，约会一位编辑前辈时的发现。几年前，我曾在《我的书天堂》一文中回忆过，在此不赘。我在那里买过很多《艺术世界》杂志的过刊，而且几乎是全新的。那种亢奋感，至今记忆犹新。

文人对书店的回忆，总透着温暖和幸福。可唯其是幸福，却转瞬即逝，如逝水流沙，挡不住，攥不着，所以也是感伤的，特别是当记忆与青春链接到一起的时候。这种感觉，我在同一篇文章中也曾描述过，请允许我再次誊录，权当结尾。因为，我再也无法复刻那种感性了：

时光倏忽，一晃小二十年过去了。过去因工作关系，隔三差五地飞来飞去，直飞到反胃的外埠城市，如今都成了渐行渐远、温暖醇美的回忆。正如我已不复是昨日之我，那些城市的变貌也早已溢出我的想象。是耶非耶，这就是现实，只能接受。可唯一恒久不变、甘美如初的，是关于书天堂的记忆。它们在我心中早已定格，是代表那个城市的Logo。当然，还有我已逝的青春。

（发表于“单读”公号，2017 年 6 月 21 日）

那些消逝的艺术杂志

友人从欧洲回京，约一干朋友喝酒，聊中国本土时尚杂志，其前世与今生、现状与问题。友人原本以之为研究对象，做过翔实的田野，写了正经的学位论文，可既成的结论却在哥几个一通狂轰滥炸之下，顷刻瓦解。我们说，时尚这块，在这里基本不存在。那些冠以“时尚”的刊物，其实并不是时尚，无非是时装杂志、汽车杂志、旅游杂志、家居杂志、美食杂志……罢了。

话虽粗暴，可话糙理不糙。只需检索一下过去十年来时尚系主流刊物的内容，你会发现，前五年是年薪五万元的编辑教年薪五十万元，甚至五百万元的大款如何品法国红酒和哈瓦那雪茄；后五年，主要功课是教人打高尔夫和马球；中间，则以环球旅行和汽车美学贯穿过渡——这，就是本土时尚。

时尚编辑们太怕落后于主流了。但，时尚是什么？时尚恰恰是反主流的，或者说反主流才是时尚的催化剂。德国哲学家西美尔发现：

> 保守性和易变性以非常不规则的方式分布在一个政治群体的不同阶层中。下层群众很难产生变动，而且发展也较为迟缓……最高阶层恰恰是有名的守旧阶层，常常过分守旧，仅仅以最笨拙的节奏向前发展。而中间阶层是真正富于变化的阶层，因此，自从第三等级夺取领导地位以来，社会运动和文化运动的历史也以全新的速度行进。①

试想，假如没有中产阶级一波又一波反潮流的“僭越”，今天有哪样被看作“时尚”的事物能落地生根？从这个意义上审视国中“时尚”，简直没一样不可疑。一方面，紧跟主流，唯恐掉队；另一方面，对有可能衍生为新时尚的社会景观及

① 《金钱、性别、现代生活风格》：［德］西美尔著，刘小枫编，顾仁明译，学林出版社 2000 年 12 月版，100 页。引文有改动。

其代表人物却避之唯恐不及。当下话语中的“时尚”定义，实在是被去势的、大大窄化的犬儒小清新，就时尚的本质而言，根本就是伪时尚，甚至是反时尚的。

美国超现实主义摄影家李・米勒（Lee Miller）作为艺术家出道前，是*Vogue*杂志的签约模特，风华绝代，也是超现实主义运动早期（巴黎时期）蒙巴纳斯的头号“缪斯”，令众多艺术家为之癫狂，摄影家曼・雷差点为她自杀。可到了1944年，如此尤物竟然作为战地摄影记者，身穿大号军服，化装成盟军军官，参加了解放奥斯威辛的军事行动。若不是后来巾帼真身暴露遭禁闭，险些参加诺曼底登陆。随着她发回纽约的菲林陆续在*Vogue*杂志上发表，北美的小资读者在看到战争残酷一面的同时，也刷新了对时尚的理解。在那个时代，没有比一身戎装的李・米勒对着不远处加农炮的着地点或被击毙的德国士兵，举起莱卡相机揿动快门的姿势，更刺激感官、吸引眼球的了。

所谓天不怕，地不怕，就怕编辑没文化，说的应该就是时尚系。而要想做得有文化，显然不能光靠教人开红酒、草坪抡杆，还需着眼于生活方式背后价值理念的更新，谈一点艺术什么的。近年来，本土时尚系显然意识到了这方面的问题，对前卫艺术不惜版面，动辄以特辑、专号的形式大做特做，甚至创刊时尚版前卫艺术杂志。可稍加注意便可发现，他们视野中的艺术生态，基本上是艺术拍卖的代名词。能进入编辑法眼的艺术家，连排名顺序都与佳士得、苏富比拍卖行的春拍秋拍图录惊人的一致。如此关注艺术，不消说，是帮闲，是分羹，拿艺术说事而已。这种玩法既与艺术无关，也不够时尚。

不能不说，我们的文化艺术类媒体生态不仅没进化，甚至是退化的。九十年代中后期，京沪宁深等一线城市，均有品质差强人意的图文艺术刊物。我记得当时深圳有本月刊叫《街道》，风格前卫，视角尖锐。彼时，经济转型未久，尚未触及媒体，邮局报摊上的报刊杂志还是清一色的机关报，腔调仍不脱新华体，纸张则是那种又薄又脆的泛黄草纸，在那种纸张上单色印刷的文字图片，其效果可想而知，也就是聊胜于无。

多年前一个冬日的午后，在风入松书店的新书台上，一本彩色封面，内文以铜版纸印制的杂志跃入我的视线。那种版式设计和高清图片，简直与我在国外看到的文化类周刊一模一样，我几乎在捧读的第一时间就爱上了它。后来才知道，在当时尚不大为人所知的肖全，是那本刊物的御用摄影师。1996 年，中国电影出版社出版了著名摄影集《我们这一代》，而我头一次亲近摄影集中那些文化大腕的经典肖像，就是在《街道》杂志上。对我来说，那真不啻本雅明话语中的“灵光”一现。

可就是那本杂志，九十年代末，因某期封面上刊用了一帧半裸女子翘臀的背影图片被认为是“有挑逗意味”，竟无疾而终。遗憾的是，最后一期的封面，也因刊物被悉数回收销毁而终不得见。

接着，闯进公共视线的是南京的《光与影》和上海《书城》杂志，原上海文艺社旗下的老牌刊物《艺术世界》，也重新包装登场，颇为抢眼。彼时，新闻出版圈流行“读图时代”的说法，时髦的出版媒体人言必称图，非图不做，图成显学。湖南美术出版社在京城创办的前卫艺术杂志《视觉 21》，高调推介西方当代艺术，并为 1989 年现代艺术大展以降的本土前卫艺术大胆正名，风头

湖美社出版的《视觉 21》杂志

上海老《艺术世界》杂志

南京《光与影》杂志

大报本时代的上海《书城》杂志

深圳《街道》月刊

陈逸飞主导的《青年视觉》

之健，一时无两。同样性格的艺术刊物，还有《现代艺术》《新潮》和艺术家陈逸飞主导的《青年视觉》等，无一不是走高品质视觉呈现、印制精良、定价不菲的高端路线，却获得了文青、艺青的青睐。在笔者的记忆中，说起杂志文化，截至二十一世纪之初，时尚系真的拎不起来，那是本土视觉艺术刊物的中兴期。

然而吊诡的是，2002 年以后，随着前卫艺术走向政治正确化，以前在郊外画家村，因露天行为艺术表演动辄遭警察干预的光头艺术家们纷纷入主 798、草场地、宋庄，成了京沪商业画廊的宠儿，视觉艺术杂志的生命也走到了尽头，《光与影》《视觉 21》《现代艺术》等艺术刊物相继消失，未消失者不得不改版，以去前卫性、强化商业性的策略来谋求存续，苟延残喘。不出十年光景，国中文化艺术杂志拼图被彻底改写。今天，尽管坊间各种冠以“艺术”“前卫”“当代”的名头，印刷品质和容量不输时尚系的高端杂志仍碰鼻子碰眼，但以专业编辑和评论家的学术标准独立策划，不仅不向艺术家征收版面费，而且在相关评论文字发表后，还有余力给作者支付菲薄稿酬的纯粹艺术杂志却基本绝迹。是耶非耶，也只有交给艺术史、文化史去评说了。

究竟是先有好的艺术，还是先有靠谱的艺术媒体？这似乎又陷入了鸡生蛋还是蛋生鸡的循环论证。但是，你可以想象一下，假如美国没有《ART News》，法国没有《电影手册》，日本没有《美术手帖》《艺术新潮》和《广告批评》，或者假定这些刊物有则有矣，但都是靠向艺术家征收版面费来维持存续的话，那个国家的艺术生态将发生何种蜕变。而在一个社会的传媒版图中，严肃艺术媒体的长久缺席，会对那个社会的文化和人的创造力造成何种影响，便不言而喻了。

（发表于《壹周悦读》2011 年 9 月 5 日，发表时标题改为《非时尚，不艺术》）

书评、书业与《独立阅读》

不知从何时起，养成了阅读书评的习惯。这种习惯具体表现在：购读读书类刊物；拿到一份杂志，先读书评版；如果一份报纸没有书评版，就觉得不够完整，感觉就跟没社论似的。最初是无意识的，但读着读着，就变得有些强迫症了。在国外的时候，从报摊便利店买来报纸，居然也先从后往前翻——找书评看。

之所以对书评如此狂热，是因为对书和书业的发烧。一方面是自己的时间问题，另一方面，中国书店的购书环境也确实欠舒适（这样说可能会“伤众”，但我说的是事实，国内书店能激起“泡”的欲望者少之又少），虽常去书店，却绝少恋栈。一般都有明确目标，直奔主题，敛完就撤。或去附近的咖啡厅小坐，一边啜饮法国炭烧，一边拿出囊中物一本本摩挲。目标的锁定，除了几种趣味期刊外，绝大多数来自对书评的阅读。如此这般周复一周、月复一月地浏览书评，并定期去书店，又不吝在书上花银子，那你基本上就不会落下什么。随之而来的问题是，藏书空间堪忧。寒舍已经到了书山蔓延到餐桌，吃饭要搬个方凳，仅占据原本并不小的餐桌一角的地步。

读书评，读着读着，便能读出问题来，除了书业的问题，还有书评本身的问题。先说后者。中国的书评刊物常演“变形记”，很少有始终如一者。当然，也许从办刊者角度出发，变乃与时俱进，是正经，一成不变，才奇怪。但我说的变，是那种不靠谱的变。所谓不靠谱，即离谱。而“谱”是什么呢？我觉得应该是书，既然称为“书评”，理应拿书说事。“大人虎变，小人革面，君子豹变”，以此来观本土书评刊物，几乎都是“君子”。不信，你把各个时期，不同开本、体例的《书城》比较一下看看。某著名读书大报，早年一度是必读的，因出国而中断了两年。回国后，再次展读，吓了一跳，动辄整版乃至跨版印的都是关于某部刚刚出版的“献礼工程”、某权威汉语新词典的“书评”，还有领导、专家发言之类。京城有份颇有名气的书评刊物，随报发行，一周一期，几年来，我眼瞅着它如何从一份在文化圈有一定影响力的书评纸，变成了一份专事“新书推介”的信息纸，版面也大幅缩水。

再看前者。随着经济的崛起，中国的出版业似乎也在迅速“崛起”。但在表面的繁荣之下，随便到坊间一看，便会发现，相当程度上在炒旧的。九十年代出过的书，换个包装，重新推出，版权页上则一律示以初版。这种猫腻，对二十年如一日不懈地往书店扔银子的笔者来说，内心多少有种不屑：难道这就是你们所谓的繁荣吗？难道这就是业界老总们常挂在嘴边的打造出版“航母”，不惜把蛋糕做得更大的结果吗？作为读者，作为内容产业的消费者（同时也是卑微的生产者），我感到羞耻。

而最令我感到羞耻和怪异的，是本土图书的开本不知从何时起越做越大，动辄就上异型本，仿佛非大开本不足以成就畅销书。同样的版权书，有的已先在国外购得日文版，再看中文版，极端者能比日文书大两圈、重一倍。我不知道，我们何以酿成了如此“高大上”的出版文化？本土书业越来越大的蛋糕中，有多大比例是出自这一块？现代出版业繁荣的背后，是原始森林的消失。以传播文明为使命的书业，不可以明目张胆地反文明。再说，书难道不是用来读的吗？你让上班族何以在地铁上从容展读一块“板砖”？这些问题难道出版商没有考虑过吗？

无论作为读者，还是写作者，我对本土书业无须承担责任，我的责任感只对应我自己，我只是说出我的耻感而已。但不可否认，一个国家有没有一个负责任的出版业，绝不仅仅是出版商单方面的事。从这个意义上说，我们都有一份责任。我得承认，作为一个爱书人，我脑子里常琢磨这些劳什子问题，虽然从没有哪家出版机构给我发工资。

这些问题多数无解，不仅无解，而且问题越来越表面化，但无解并不等于思考本身没有意义。而对我个人来说，最大的意义，就是在思考关于书籍、阅读以及书业问题的过程中，邂逅了《独立阅读》。

多年前的一个夏夜，上海的成庆跟我打招呼，说要办这样一个电子刊物。看到作者皆是一群吾耳熟焉、在各种刊物上碰鼻子碰眼的分子——有的是京城的朋友，有的是每月发我稿酬的编辑，我几乎连想都没想就应了，立即成了它的作者。几年下来，为它码过多少字，连自己都不清楚，应该不算少。我最大的快乐，是看到每期的刊物上，有意无意地，朋友们也在思考类似的问题，令我感到“不是一个人在战斗”。尽管作为不折不扣的理想主义勾当，我无法要求它为我的文字付酬，可我的收获却是现实的，那就是，它几乎取代了 N 种书评和读书类刊物，成为我购书的第一参考。晓渔君的人文、成庆君的思想、小和君的财经类评介，学术信息高度浓缩，每每成了我掷银子的由头。

最是“独立”的姿态，引我同情，令我激赏。并非刻意标榜“独立”，但客观上，不为任何机构，“谢绝图书作者、出版者、发行者介入，观点尊重个人趣味，不求客观统一”（见《独立阅读》细则）的写作姿态，确为我们赢得了“遗世独立”的资本。也只有在那种超然的姿态下，阅读才有可能回归个人，成为纯然的智力活动，成为治愈心灵的“悦读”。

记得只有一次，我实在来不及写新文，左支右绌之际，试图以一篇为某作家的新书而作的序文凑数，却遭到成庆和当期轮编夏佑至君的婉拒。可天地良心，几乎就在同时，我内心感到一种巨大的不安，好像做错了什么似的，也正想撤回文章。照实说，那篇序文其实是一篇标准的书评，可刊发于国内任何一家书评报纸而无愧色，但它却令我愧对《独立阅读》。某种意义上，这也不失为对《独立阅读》之独立性的一个微不足道的注脚吧。

（文系《中日短长书》一书的代跋，发表于“南京大学出版社”公号，2022年3月25日）

透过书页，有人正朝我们走来

在编纂这本小书的过程中，我的思绪再度驰回媒体书评写作的岁月。那是二十一世纪最初的十来年，社交媒体尚未出现，堪称印刷商业媒体的全盛期。本土出版业开始发力，译介海外图书品种激增，眼瞅着从数量到速度就要超过举世公认的出版大国日本。

那个时代，书真便宜。因先后为《上海书评》《南都·阅读周刊》等书评纸和《独立阅读》《网易·公民阅读》等网刊，及日本航空（JAL）机内志《翔》等刊物撰写书评专栏，追踪人文出版潮流遂成课业。网易和日航的编辑朋友也待我不薄，每月我指定的社科人文新书，源源不断地寄来，有中文，有日文。结果不用说，除了产出几篇可有可无的“书评”，最大的变化，是生活空间日益逼仄，积读症重到没治。

不过，这也带来了一个副产品，即养成了观察出版业的习惯——出版的确是一个国家社会思潮和流行文化的风向标。畅销书大抵有两种功用：在出版当时，作为对某些特定社会文化现象的读解，或为满足某种实用需求的定制产品，可为出版社创造码洋，为作家贡献版税，甚至制造亿万富豪；在出版效应消失之后，则成了思想史、文化史、社会世相史的研究对象。如战后日本第一大畅销书《日美会话手册》（『日米会話手帳』）和九十年代中期的本土畅销书《中国可以说不》，可以说已毫无文本价值，却不失为历史研究，特别是出版史研究的经典案例。

翻阅这本小书，倒颇有些感慨。这些文字前后有十几年的跨度，所涉书籍不下二百种，是对过去二十年本土和日本出版业的管窥，也是个人阅读史的一部分。对我来说，如此密切地追踪舆论热点、“跟风”阅读，在那之前和之后，都没有过。而更提醒我“今非昨”者，是媒体生态的剧变：那些曾几何时孜孜矻矻笔耕过的书评刊物，泰半消失，连彼时被目为“新媒体”的“独立阅读”和“腾讯·大家”，也早已从以太空间销声匿迹。一面是世界数一数二的巨无霸出版业，一面是有公信力的书评刊物少之又少。如此头重脚轻的结构，堪称国中书业之怪现状。我们何时能有本土的《纽约书评》《伦敦书评》，或像日本的《周刊读书人》《朝日新闻·书评》那样能让文化人喝掉两杯咖啡，从容打发一个周末午后的书评纸？

我长年阅读的《读书》杂志上有个老专栏，叫“短长书”，曾是我的购书指南。在《人民中国》杂志上，我的月度书评专栏叫“中日短长书”，权且拿来充当书名，刚好也应了书中文字的体例：篇幅不拘一格，短者相当于两条微博，长者逾一万四千言。

承蒙老友陈卓兄的努力，让这些积年的文字变成出版物，结缘于“斯文丛书”，并以此来钩沉更多湮没或即将湮没于历史尘埃中的旧籍陈本，以及那些弥散于字里行间的昔年往事。

——透过书页，有人正朝我们走来。

（文系《中日短长书》一书的小引，发表于“单读”公号，2022年3月21日）

后记

直到重新编订书稿时，我才发现：这本小书，区区八篇文字，竟然有近十年的跨度。

晚近十年，本土移动互联网产业的大跃进，极大地改写了传统媒体和书业的面貌。在摧枯拉朽般的收割下，有些出版形态消失了，更多形态被催生，如雨后春笋，一波接一波。坊间流行的各种内容文化产品，分别代表了不同的时代，受众是不同的年龄和阶层，如此高度混搭的业界生态，也为这本小书平添了些许“史”的味道。

不仅是出版物的更新和书店业的升级，一些曾在四十年出版史、文化史上弄出老大动静、留下了浓墨重彩的“作局者”，在伤花怒放之后，已风流云散。2020 年 11 月 27 日深夜，诗人老木（刘卫国）于江西萍乡市安源区白源街的家中猝然离世，魂归诗国，留下了一套《新诗潮诗集》和诗论《青年诗人谈诗》。这套当时作为地下出版物海量发行的诗集，不仅是朦胧诗浮出地表的标志，而且作为小开本书籍也开风气之先，其装帧风格颇可圈点。2020 年 11 月 2 日，笔者在《上海书评》发表长文《开本即王道——小开文化在中国》，从出版史的角度向这套诗集致敬。从时间上看，应该也是诗人生前，大众媒体对其事功的最后重温。“四个季节都在向我告别”——2020 年隆冬上路的诗人，你真的是在向人类预言这个百年一劫的瘟疫之年么？

在划时代的分水岭上抚今追昔，梳理历史，似乎顺理成章。不知道有没有一部中国书业史，我甚至也没见过中国出版史。间或过眼的一些关于本土书业的出版物，也多是从古籍版本、藏书文化、印刷史等维度阐发论说，且多带有浓重的“年鉴风”“报告腔”，更适合收纳于办公室的铁皮柜中，而不是文人书斋。我个人特期待能读到一本去学术化的书业史，在活字文化的历史脉络中，凸显出版的面向。而在出版的维度上，既有对书目、内容和印数、码洋的呈现，又有对作家在写作过程中和出版家在策划成书阶段“时代空气”的体感与描绘，包括对开本元素和装帧文化的评介。不是做成文字版的 PPT，而是负责讲故事，偶尔抖个八卦什么的，随笔调一路娓娓道来，左右逢源，无缝衔接，那才不失为立体、生动的书业史。

读老一代出版家的回忆文字（如范用、沈昌文和台湾的郝明义等），我每每会脑补华文出版史，这也是我嗜读日本书业史、出版史的理由。应该承认，比起汉语世界的出版家来，东瀛出版家更长于出版史叙事。莫说正儿八经的出版家，就连一些古书店主和书店员撰写的回忆录，也都像模像样，有种有料，颇有可观。我常常思考中日两国出版人的“文化差异”，却始终不得要领。我想，除了近代书业传统、社会文化环境等因素外，日本出版人身上常见的书志学趣味，恐怕是一个重要的指征。

所谓“书志学”（Bibliography），是一个非常宽泛的概念，可以大致理解为与书籍的物理形态相关的全部知识，在日本是一门独立且堂奥很深的学问。书志学的训练之有无、浸淫之深浅，结果大不同，说白了：直接关系到编辑、店员是不是“有文化”，其打造、经营的出版物是否“有品”的问题。

竹久梦二的弟子、装帧大家恩地孝四郎尝言：“书籍是文明之旗，而旗必须是美的”（《装丁杂记》，坂口显著，展望社 2013 年 11 月版）。小到一本书，大到一家出版社、一座书店，美学的要素绝不是可有可无，而是至关重要的核心存在，建筑大师丹下健三主张：“唯美物才是功能性的。”

这本小书作为一种“书业私史”，实际上只是一个爱书人对四十年来本土书业的零碎记忆，是一串以大致的时间线索穿起的“记事珠”。除了写作的本体冲动，照实说，最大的私心，是觊覦杨师傅工坊出品的“美本”。查了一下，我最初为全强写稿，是在 1999 年。那时，他还是南京视觉艺术志《光与影》的编辑，后厕身出版。做视觉媒体养成的内容敏感和良好的审美直觉，使他成了一名有独特调性的出版家，“杨师傅”的昵称也在江湖上不胫而走。我既忝列杨师傅的作者，也是他的粉丝，对他在不同时期打造的出版物，一路购读，乐此不疲。感谢全强兄接纳这个不知深浅的选题。他对小开本人文书的创意和职人范儿的装帧品位，对我来说，是直接的治愈。

同时，必须感谢安徽教育出版社的何客主编和责任编辑金雯女士。安教社一向对出版业葆有高度的热忱，不仅出版了相当数量这方面的专著和 MOOK，十年前，还推出过三辑共十二种“独立阅读”文丛。此番再次接受这本码洋无足轻重的小书，令笔者倍感温暖。在编辑过程中，与何兄会同杨师傅就内容和专业问题的反复探讨与切磋，让我仿佛回到了“独立阅读”时代。

最后附带提一句：既然这是一本为过往四十年书业立存照的小书，对书中提到的相关书、志及书肆，最好能有个直观的提示，以激活记忆，故插入了一些图版。除了与季风书店有关的街拍，是沪上作家夏佑至兄的友情提供，其余照片皆系笔者用 iPhone 摄于书房，器材与水平都很业余，权当索引。

是为后记。

刘柠

2023 年 3 月 8 日

于望京西园